Helga Thieroff

# Vom Schmerz der Hochbegabung

# HOCHBEGABUNG
## Biographisch

Band 1

LIT

Helga Thieroff

# Vom Schmerz der Hochbegabung

## Mein Sohn, der anders war

### Erzählt und theoretisch betrachtet

LIT

**Bibliografische Information der Deutschen Nationalbibliothek**
Die Deutsche Nationalbibliothek verzeichnet diese Publikation in der Deutschen Nationalbibliografie; detaillierte bibliografische Daten sind im Internet über http://dnb.d-nb.de abrufbar.

ISBN 978-3-643-13502-5



Verlagskontakt:
Fresnostr. 2 D-48159 Münster
Tel. +49 (0) 2 51-62 03 20 Fax +49 (0) 2 51-23 19 72
E-Mail: lit@lit-verlag.de http://www.lit-verlag.de

**Auslieferung:**
Deutschland: LIT Verlag Fresnostr. 2, D-48159 Münster
Tel. +49 (0) 2 51-620 32 22, Fax +49 (0) 2 51-922 60 99, E-Mail: vertrieb@lit-verlag.de
Österreich: Medienlogistik Pichler-ÖBZ, E-Mail: mlo@medien-logistik.at
E-Books sind erhältlich unter www.litwebshop.de

INHALT

*Nur der Denkende erlebt sein Leben, am Gedankenlosen zieht es vorbei.*

Marie von Ebner-Eschenbach (1830–1916), **Aphorismen**

# Vorwort

Schmerz gehört zum Menschsein. Unsere klassische Literatur ist voll von Tragödien. In jeder Tragödie steht heftiger, tiefgehender, nicht nachlassender Schmerz zentral. So ist die Marmordarstellung des schmerzverzerrten Gesichtes von Laokoon, der mit seinen beiden Söhnen von Schlangen, die er nicht bezwingen kann, erwürgt wird, nicht nur Ausdruck von Verzweiflung und Schmerz, sondern sie ist prototypisch für menschliches Leiden.

Oft hören wir von Eltern, die um das Wohl ihrer Kinder bedacht sind: „Nun ist die Schmerzgrenze erreicht! Mehr können wir nicht ertragen! Unsere Kinder bringen uns noch ins Grab."

Die Autorin dieses Buches, Kais Mutter, hat ebenso wie ihr Ehemann und Vater des Jungen Grenzwerte des Schmerzes immer wieder aufs Neue erlebt. Aber auch Kai selbst wurde immer wieder mit der schmerzerzeugenden Frage nach dem Sinn des Seins, seines Seins, konfrontiert.

Nach der Auffassung von Dabrowski, dessen Theorie sich im kurzen Leben von Kai überdeutlich manifestierte, ist *positive Desintegration* eine entscheidende und wesentliche Phase der Persönlichkeitsentwicklung. Wie der kanadische Begabungsforscher Sal Mendaglio, Kenner und Anhänger von Dabrowskis Theorie, wörtlich sagt, „ … ist positive Desintegration ein zweifacher Prozess, nämlich einer Zerstörung einer geistigen Organisation und einer Reintegration auf einer höheren Stufe geistigen Funktionierens“*.

Der Prozess der Reintegration war in Kais Leben ständig anwesend. Immer wieder stand bei ihm, dem aufgeweckten und von hohen moralischen Werten getragenen Menschen, die Frage nach dem Sinn des Lebens zentral. Mit seinen hohen Ansprüchen war er anders – so anders, dass er für sich keinen Lebensplatz auf dieser Erde fand. Für diesen großen Geist und tiefgründigen Denker war unsere Welt zu klein.

Wir hoffen, dass dieses Buch über Kais außergewöhnlichen Lebensweg anderen begabten jungen Menschen, die ihren Platz in dieser Welt suchen, und deren Eltern Orientierung und Hilfe geben kann.

Franz J. Mönks

Mai 2016

* Mendaglio S. Positive Desintegration: Der Prozess der Entwicklung in Dabrowskis Theorie. Journal für Begabtenförderung 2/2010, S. 30-35

# Prolog

An einem ungewöhnlich sonnigen und milden Tag im Dezember 2015 fand ich sie, diese längst vergessene CD, die nun, da ich sie wieder in den Händen hielt, Bilder der Vergangenheit aufleben ließ. Ich stöberte an jenem Tag in meiner Musiksammlung nach einer Platte mit Weihnachtsliedern für den bevorstehenden Heiligen Abend, als mein Blick unversehens auf eine CD mit selbstgestaltetem Cover fiel – tanzende, rote Buchstaben auf weißem Grund: ALLES LIEBE ZUM MUTTERTAG. Die einsetzende Erinnerung ließ mir für einige Augenblicke den Atem stocken. Ich erkannte die selbstgebrannte CD wieder: ein Muttertagsgeschenk, liebevoll zusammengestellt von meinem Sohn Kai, damals dreizehn Jahre alt – heute schon seit sieben Jahren tot, mit einundzwanzig freiwillig von dieser Welt gegangen.

Mir zitterten die Hände, als ich die CD in das Abspielgerät einlegte und den Startknopf drückte. „Hallo liebe Mama", ertönte aus dem Lautsprecher die munter-flapsige Stimme meines heranwachsenden Sohnes, „alles Liebe zum Muttertag. Ich wünsche Dir Fröhlichkeit, Gesundheit und Erfolg, was auch immer. Ich habe Dir eine CD gebrannt. Auf der CD sind alle Lieder über ganz tolle Mütter, die ich finden konnte. Ich möchte Dir zeigen, wie lieb ich Dich habe. Ich wünsche Dir noch einen schönen Muttertag 2000. Ich hoffe, ich kann ihn noch ein Stück schöner machen. Dein Kai". Dann folgten ergreifende Lieder, die meisten in englischer Sprache. Die Texte enthielten Zeilen wie *Mama, oh I miss you sometimes, Mama, can you hear me when I cry* und *Mama, I love you.*

Ich konnte mich noch sehr gut erinnern, wie gerührt ich damals vor fünfzehn Jahren gewesen war, als ich die CD zum ersten Mal abgespielt hatte. Welcher Dreizehnjährige kam schon auf den Gedanken oder brachte überhaupt den Mut auf, seine Mutter mit einer solchen Liebeserklärung zu überraschen? Zugleich hatte ich schon damals gewusst, dass meine Sorge über Kais intellektuelles und emotionales „Anderssein" mehr als berechtigt war. An diesem Dezembertag aber saß ich, noch lange nachdem die Musik zu Ende war, vor der verstummten Anlage und spürte meinen wild kreisenden Gedanken und Gefühlen nach.

In der darauffolgenden Nacht konnte ich nicht schlafen. Immer wieder ließ ich Bilder aus Kais Leben Revue passieren und fragte mich, was der CD-Fund wohl zu bedeuten habe. Ich glaubte nicht an Geisterstimmen aus dem Jenseits, und doch war mir, als wollte mir mein toter Sohn noch einmal, vielleicht noch ein letztes Mal, etwas sagen. Am nächsten Tag vertraute ich das Geschehene einer Kollegin an und bat sie um Rat. Unter dem Eindruck dieses Gesprächs und meiner nächtlichen Grübeleien wuchs in mir eine Erkenntnis heran: Ich musste der Lebensgeschichte meines Sohnes noch einmal nachspüren und die Erfahrungen, die wir als Familie mit seiner Hochbegabung gemacht haben, schriftlich festhalten!

Kais Lebensgeschichte ist die eines jungen Menschen mit einer außergewöhnlichen intellektuellen Begabung und von großer emotionaler Empathie, der, getrieben von grenzenloser Freiheitsliebe, geradlinig seinen Weg gegangen ist und selbst vor der letzten Konsequenz nicht zurückschreckte. Diese Biografie publik zu machen, bin ich zuallererst meinem Sohn schuldig. Doch hoffe ich ebenso, mit meinen Aufzeichnungen all jenen, die hochbegabte Kinder und Jugendliche familiär oder professionell begleiten, unterstützend zur Seite zu stehen. So möchte ich vor dem Hintergrund meiner langjährigen beruflichen Erfahrung das persönlich Erlebte auch unter theoretischen Aspekten beleuchten, um das Verständnis für typische Wesensmerkmale und häufige Probleme von hochbegabten Kindern und Jugendlichen in unserer Gesellschaft zu vertiefen. Denn Fakt ist, dass eine Hochbegabung viele Betroffene und ihre Angehörigen vor ernsthafte Herausforderungen stellt, und es nur mit Unterstützung einer entsprechend sensibilisierten, breiten Öffentlichkeit gelingen kann, die Situation dieser Familien zu verbessern.

# Ein besonderes Kind ward uns geboren

Kai erblickte am 12. Januar 1987 in der geburtsmedizinischen Klinik Berlin-Neukölln das Licht der Welt. Er war mein erstes Kind und sollte auch mein einziges bleiben. Die Entbindung erfolgte unter der Obhut von Professor Erich Saling, dem renommierten „Vater der perinatalen Medizin", den ich aufgrund von Schwangerschaftskomplikationen aufgesucht hatte. Wie glücklich war ich, nach langen Wochen und Monaten des Wartens und einer schwierigen Geburt endlich mein Wunschkind begrüßen zu können! In den Tagen nach der Entbindung hielt ich meinen Sohn, sooft es nur ging, in den Armen und betrachtete entzückt das von dunklem Flaum bedeckte Köpfchen, das sich mir entgegenreckte, und die tiefen, unergründlichen Augen, die schon bald mit forschendem Blick die Umgebung abtasteten.

Dass dieses Verhalten für so junge Säuglinge keineswegs normal war, erfuhr ich einige Tage später von Prof. Saling. Er beobachtete meinen Sohn aufmerksam und erklärte mir dann, dass das Fixieren von Gegenständen und das Anheben des Köpfchens bei nur wenige Tage alten Babys sehr ungewöhnlich sei. Ihm selbst sei ein solches Kind in seiner gesamten Berufslaufbahn noch nicht untergekommen. „Kai ist ein ganz besonderes Kind“, versicherte mir der Professor. Wie recht er mit dieser Einschätzung behalten sollte, konnte zu jenem Zeitpunkt noch niemand ahnen. Vorerst jedoch stufte Prof. Saling Kai wegen der komplizierten Schwangerschaft und Geburt als Risikokind ein, wodurch wir die Möglichkeit für kontinuierliche kinderärztliche Untersuchungen im Klinikum Steglitz hatten.

*

Nachdem wir aus der Klinik entlassen worden waren und Kai in unserem Zuhause sein Kinderzimmer bezogen hatte, ließen wir Geburtsanzeigen drucken, um die Nachricht vom freudigen Ereignis unseren Familien, Freunden und Bekannten zu verkünden. Auf dem Deckblatt prangten in Kursivschrift die Zeilen, mit denen wir Kai als neuen Erdenbürger willkommen hießen:

*Aus tiefer Ruhe selbstverloren*
*Weckt mich der Ruf der Zeit*
*Licht strömt um mich*
*Gefühl erinnert sich*
*Und stolz und frei dem Ich geweiht*
*Bin ich der Welt der Menschen eingeboren.*
(Alexander Hans Gusovius)

Wenn ich jetzt diese Verse lese, spüre ich immer noch die Intensität des Hochgefühls, mit dem wir damals Kais Ankunft auf der Erde feierten: Die tiefe Ruhe, die vor der Geburt herrschte, ist zwar verloren, aber herrlich, was jetzt kommt: Erweckung! Licht! Gefühl!

Freiheit! Ein Ich! Endlich in der Welt der Menschen angekommen! Dieses Gedicht sollte dem kleinen Kai sagen, wie gut es ist, hier auf dieser Welt zu sein, und dass dies hier der Ort der Individualität und Freiheit ist. Und Kai hat uns verstanden: Er entwickelte in der Tat schon extrem früh ein sehr starkes Ich und einen ausgeprägten Freiheitsdrang. Allerdings sollte er schon bald erkennen, dass die Welt der Menschen keineswegs nur Positives, sondern auch viel Abschreckendes und Verletzendes zu bieten hat.

Doch noch war es nicht soweit. In seinem ersten Lebensjahr war Kai ein zufriedenes Kind von sonnigem Gemüt, das sich zu unserer Freude schnell entwickelte. Als Säugling liebte er es, auf dem Arm getragen seine Umwelt zu erkunden, fast so, als müsste er sie sich in

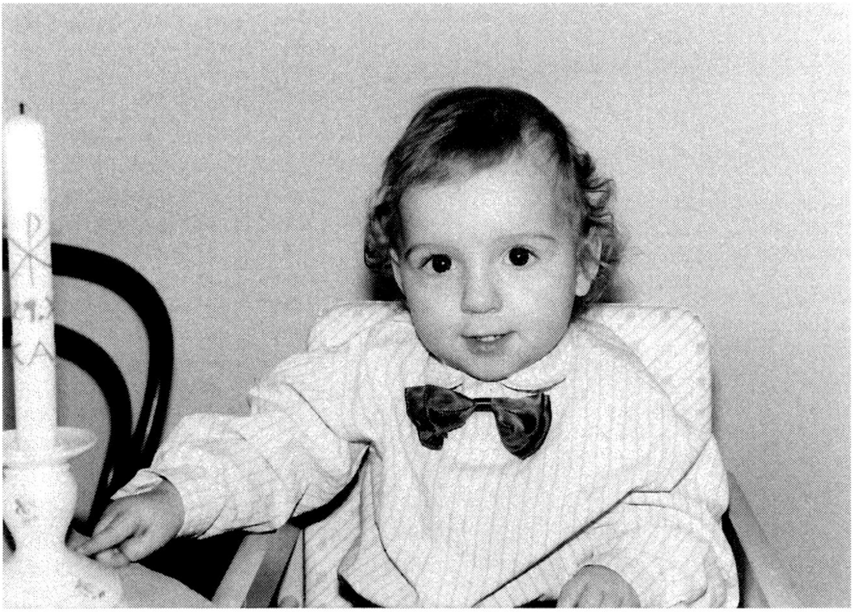

Kai bei seiner Taufe mit 10 Monaten

allen Details einprägen. Die Krabbelphase ließ er aus und fing dafür schon im zehnten Monat an zu laufen. Mit einem knappen Jahr begann er zu sprechen. Wir amüsierten uns über seine ersten Worte, die nicht „Mama“ und „Papa“ waren, sondern „an“ und „aus“, wenn er den Lichtschalter betätigte. In diesem Alter zeigte Kai auch schon ein beginnendes Mengenverständnis, indem er Mengen von gleichen Gegenständen so benannte: *Eine* Tasse, *einen* Bauklotz oder *einen* Stuhl sprach er mit „da“ an, *zwei* Tassen, *zwei* Bauklötze oder *zwei* Stühle mit „dada“, und eine größere Anzahl gleicher Gegenstände benannte er mit „dadadada“.

*

In den nächsten Jahren eroberte sich Kai die Welt in rasantem Tempo. Dabei zeigte er für herkömmliches Kinderspielzeug wenig Interesse und begeisterte sich stattdessen für Aktivitäten, die bei einem Kind seines Alters eher ungewöhnlich waren. Als Einjähriger spielte er hingebungsvoll mit einem Schneebesen, mit anderthalb Jahren färbte er unter meiner Anleitung mit großem Eifer Nudeln in der Küche, und er liebte es, mit seinem Vater auf Parkplätze zu gehen, um die Markenzeichen der dort abgestellten Autos zu erkunden. Kai interessierte sich generell für Zeichen und Symbole aller Art und erkannte schon vor seinem zweiten Geburtstag alle gängigen Automarken sowie die Logos von Banken und Geschäften. Ein besonderes Steckenpferd von Kai waren Verkehrsschilder, die er vor seinem dritten Geburtstag auch allesamt schon kannte. Ich erinnere mich, dass wir einmal sogar eigens aufs Land fahren mussten, damit Kai ein „Kuhschild“ zu Gesicht bekommt.

Mit knapp drei Jahren bastelte er aus Küchentuch einen Mülleimerschoner, um den Deckel des „armen Eimers“ vor Verschmutzung zu bewahren. Wir sammelten leere Toilettenpapierrollen und bemalten und verarbeiteten sie nach Kais Anleitung. Kais Phantasie schien unerschöpflich, und wir begannen zu ahnen, dass uns anstrengende Zeiten bevorstanden.

An Hochbegabung begannen wir erst zu denken, als Kais Sprechvermögen im zweiten Lebensjahr regelrecht explodierte. Aus frühkindlichem Gebrabbel wurden schon bald verständliche Wörter, aus Wörtern Sätze, aus einfachen Sätzen Satzgefüge. Mit zwei Jahren benutzte Kai bereits Nebensatzkonstruktionen, Passivkonstruktionen und Fremdwörter. Es war mir schon fast unheimlich, aus dem Munde eines kaum Zweijährigen komplexe Aussagen zu hören wie „Ich will nicht ins Bett gehen, weil ich nicht müde bin“ oder „Ich will an den Tisch herangeschoben werden“.

Aber nicht nur auf dem Gebiet der Sprache überraschte uns Kai immer wieder auf Neue. So lernte er schon sehr früh mit Messer und Gabel zu essen, und die Abschaffung der ungeliebten Windel war für ihn ein reiner Willensakt. So beschloss Kai mit zwei Jahren, keine Windeln mehr zu brauchen, und einen Tag später funktionierte das auch – er war und blieb „stubenrein“. Kais rasante Entwicklung erfüllte uns zwar mit Freude, doch mussten wir uns auch eingestehen, dass uns sein forderndes Verhalten, dieses „Immer weiter, immer mehr, immer etwas Neues“, zusehends schaffte. Kai brauchte nur wenig Schlaf, und so war ich nicht selten 16 Stunden am Tag durch ihn gefordert. Als Kai drei Jahre alt war, hatten wir bereits alle Kinderbücher unserer Hausbibliothek und der örtlichen Büchereien ausgelesen, wir hatten alle Audio- und Videokassetten abgespielt, doch Kai gierte es nach immer neuem „Stoff". In meiner Not griff ich nicht selten auf selbsterfundene Geschichten zurück, die Kai ohnehin am liebsten mochte. Ging uns mal der „Stoff" aus, wurde Kai, der ansonsten ein liebenswertes und ausgeglichenes Kind war, unleidlich, und ich musste mich auf die Suche nach neuen Lernimpulsen für mein unersättliches Kind machen.

Es wurde auch nicht besser, als Kai mit zweieinhalb Jahren anfing, die bei Eltern so gefürchteten Warum-Fragen in Endlosschleife zu stellen. Ich war praktisch nur noch für Kai da. An eine Rückkehr in meinen Beruf war nicht zu denken – ich war vor Kais Geburt an der Universität tätig, wo ich eine Einrichtung zur Integration von Migranten und ihren Kindern leitete –, aber immerhin schaffte ich es abends, wenn Kai im Bett lag, Arbeiten auf Honorarbasis für eine Zeitschrift zu erledigen. Entlastung in jener intensiven Zeit mit Kai hatte ich nur wenig. Unsere Verwandten und Bekannten waren zwar begeistert von unserem liebenswerten, gescheiten Kind, aber Kai brachte sie alle zur Erschöpfung. Mit seiner Oma beispielweise spielte er liebend gerne Einkaufen, aber auf eine so intensive Art, dass diese es nach zwei Stunden nicht mehr aushielt und das Feld – oder besser gesagt das Schlachtfeld – räumte.

Leider war es mir in den ersten Jahren überhaupt nicht möglich, Kai mal für ein Wochenende bei der Oma abzugeben und durchzuatmen, denn zum einen wohnten die Großeltern weit weg und kamen nur selten zu Besuch, und zum anderen hing unser Sohn sehr an seinen Eltern. Kai spielte zwar gerne mit seinen Großeltern, aber die Eltern mussten immer in der Nähe sein. Die einzige Person, die Kai auch ohne Dabeisein seiner Eltern akzeptierte, war Bettina, eine junge Frau, die wir als Mentorin für ihn engagiert hatten. In den kostbaren Stunden, die Kai in Bettinas Obhut verbrachte, konnte ich mir auch mal einen Zahnarzt- oder Friseurtermin gestatten. Seine extreme Anhänglichkeit legte Kai erst mit dem Schuleintritt ab. So war Kais Förderung in jenen ersten Jahren im Wesentlichen die Aufgabe von uns Eltern: Ich kümmerte mich um die geistige Nahrung aus Büchern, während meinem Mann der Part zufiel, Kai in die Welt der Automarken, Zeichen und Symbole einzuführen. Da mein Mann allerdings beruflich stark eingespannt war, war ich es meistens, die sich mit Kai beschäftigte.

Gelegentlich wurde ich gefragt, ob wir uns denn für Kai nicht noch ein Brüderchen oder Schwesterchen wünschten. Das Thema schwebte zwar eine Zeitlang im Raum, doch muss ich sagen, dass für mich ein zweites Kind neben Kai gar nicht möglich gewesen wäre – ich hätte weder die Zeit noch die Kraft dafür aufbringen können.

Was mir in jener Zeit das Leben etwas erleichterte, war Kais Einstellung zu Regeln, denn er befolgte sie bereitwillig. Wenn man ihm zum Beispiel sagte, er solle nicht an die Steckdosen gehen, dann hielt er sich davon fern und man konnte sich darauf verlassen, dass er sie auch in Zukunft nicht anfassen würde. Mit Messern ging er stets sehr vorsichtig um, nachdem wir ihm einmal sagten, sie seien scharf und er könne sich damit verletzen. In dieser Hinsicht mussten wir bei Kai keine große Erziehungsarbeit leisten. Dafür waren wir dankbar, denn auf der anderen Seite waren wir durch seinen unbändigen Drang nach Selbstbestimmung zur Genüge gefordert.

*

Noch vor Kais zweitem Geburtstag überlegten wir uns, ob unser wissensdurstiges Kind, das seinem Alter so weit voraus war, nicht schon jetzt den Kindergarten besuchen sollte. Kai kannte Kindergärten von unseren ausgedehnten Spaziergängen her. Wenn wir an einem vorbeigingen, beobachtete er aufmerksam die spielenden Kinder und äußerte immer wieder den Wunsch, auch dorthin zu gehen. Anlässlich eines Termins für die Risikountersuchung im Steglitzer Klinikum fragte ich daher die zuständige Kinderärztin, ob sie es für richtig halte, wenn wir Kai im Kindergarten anmeldeten. Als wollte er seine Kindergartentauglichkeit beweisen, brillierte unser nicht ganz zweijähriger Sohn während der Untersuchung mit Sätzen wie „Ich möchte nicht die Schere mit der abgerundeten Spitze, ich möchte die Schere mit der Spitze haben!". Die Ärztin staunte, aber sie riet uns dennoch davon ab, Kai im Kindergarten anzumelden. Sie erkannte, dass Kai nicht nur ein sehr begabtes, sondern auch ein äußerst sensibles Kind war, das sich in großen, lauten Gruppen schwer tun würde. Dieser Termin war unsere letzte Untersuchung im Steglitzer Klinikum. Da die Fortschritte in Kais Entwicklung die Erwartungen bei weitem übertrafen, sah die Ärztin keinen Anlass mehr, ihn als Risikokind zu führen.

Ihren Rat, Kai nicht im Kindergarten anzumelden, haben wir allerdings nicht befolgt. Da mich mein Zweijähriger regelmäßig bis zum Äußersten forderte und ich dennoch oft das Gefühl hatte, ihm nicht genug zu bieten, beschloss ich, es gegen den ärztlichen Rat mit dem Kindergarten zu probieren. Natürlich lief es nicht gut, und ich durfte Tag für Tag ein schreiendes Kind von der Tagesstätte abholen. Nachdem mir die Erzieherin berichtet hatte, dass Kai sich von allen Kindern am schwersten tat, beschloss ich, den Versuch zu beenden und nach einer anderen Fördermöglichkeit für Kai zu suchen. Wie diese aussehen sollte, wusste ich jedoch nicht, denn eines war mir inzwischen klargeworden: Herkömmliche Erziehung und Förderung griffen bei Kai nicht. Daher beließ ich es erst einmal dabei, mich entsprechend meinen Möglichkeiten zu Hause mit Kai zu beschäftigen. Ich versuchte, Kai über meinen Freundeskreis möglichst viel Kinderkontakt zu gewähren, und achtete darauf, dass Kai durch Spaziergänge und später auch durch Kinderschwimmen, Fahrrad- und Rollerfahren ausreichend Bewegung hatte.

Als Kai um den zweiten Geburtstag herum plötzlich, wie aus heiterem Himmel, alle Buchstaben kannte – die großen und die kleinen, ohne dass wir sie ihm explizit beigebracht hätten – stand für uns fest, dass Kai hochbegabt war. Auf der Suche nach einschlägigen Informationen rief ich bei der *Deutschen Gesellschaft für das Hochbegabte Kind e. V.* an, ohne zu ahnen, dass dieser Anruf mein Berufsleben verändern würde.

## Wir starten den „Kinderclub“

Die *Deutsche Gesellschaft für das hoch hochbegabte Kind e.V.* (DGhK) wurde 1978 gegründet, zu einer Zeit, als die Themen Hochbegabung und Hochbegabtenförderung noch lange nicht die heutige gesellschaftliche Relevanz hatten. Auch zwölf Jahre später, als ich versuchte, mich auf ein Leben mit einem hochbegabten Kind einzustellen, musste ich in Gesprächen mit Bekannten feststellen, dass Hochbegabung für viele noch ein Fremdwort war. Allerdings hat dieses Thema, um ehrlich zu sein, mich selbst bis dahin auch kaum beschäftigt. Vor Kais Geburt, in der Schwangerschaft, war es mir gar nicht in den Sinn gekommen, dass mein Kind außergewöhnlich begabt werden könnte. Ich hatte damit nicht gerechnet und es war mir auch nicht wichtig, wie intelligent mein Kind werden würde. Ganz im Gegenteil, mein Mann und ich, wir hatten uns darauf geeinigt, dass wir jedes Kind – auch ein behindertes – mit Liebe aufnehmen und entsprechend seinen Bedürfnissen fördern würden. Als Kais Hochbegabung feststand, stellte ich mir oft die Frage, welche verschlungenen Wege des Schicksals – oder der Vererbung – ausgerechnet uns ein so besonderes Kind in die Wiege gelegt hatten. Wir, seine Eltern, waren zwar Akademiker und mein Mann hatte zu jener Zeit eine Universitätslaufbahn eingeschlagen und eine Professur angestrebt, aber das allein konnte es nicht sein. Auch im familiären Umfeld war Hochbegabung nie ein Thema gewesen.

Die Intelligenzforschung der vergangenen Jahre hat einige Antworten zum Ursprung von Hochbegabung gefunden – und dabei auch einen landläufigen Mythos zu diesem Thema infrage gestellt. In der Bevölkerung wird Hochbegabung bei Kindern nämlich insbesondere mit den Vätern oder generell mit den männlichen Familienmitgliedern in Verbindung gebracht, zumal diese in vielen Familien als „die Schlauen“ gelten. Der aktuellen Forschung zufolge scheinen Männer jedoch eine eher untergeordnete Rolle bei der Intelligenzvererbung zu spielen. Der Grund für diese Annahme ist, dass viele Erbanlagen, die Einfluss auf die Intelligenzentwicklung nehmen, auf dem X-Chromosom liegen. Männer, die bekanntlich nur über ein einzelnes X-Chromosom verfügen, geben dieses und damit auch die darauf befindlichen „Intelligenzgene“ nur an die Töchter, nicht aber an die Söhne weiter. Der Junge bekommt die X-chromosomal verankerten Erbanlagen für Intelligenz ausschließlich von seiner Mutter. Fakt ist allerdings auch, dass bei Männern sowohl Hochbegabung als auch Minderbegabung häufiger anzutreffen sind als bei Frauen[1].

Zwischen hochbegabten und durchschnittlich begabten Menschen scheint es nicht nur genetische, sondern auch hirnphysiologische Unterschiede zu geben. Generell ist davon auszugehen, dass alle Formen von Begabung eine biologische Ursache haben. Ebenso wie es unbestritten ist, dass eine verzögerte intellektuelle Entwicklung hirnphysiologische Ursachen hat, ist anzunehmen, dass das Gleiche

1 Eggers C. Störungen der Intelligenz, in: Rohde A, Marneros A (Hrsg.) Geschlechtsspezifische Psychiatrie und Psychotherapie . Verlag W. Kohlhammer 2007

auch auf die Hochbegabung zutrifft. Fest steht, dass gezielte Übung, in welchem Ausmaß auch immer, einen durchschnittlich begabten Menschen niemals auf das Niveau eines „Wunderkindes" bringen kann. Vielmehr scheint es so zu sein, dass begabte Menschen ein „anders funktionierendes" Gehirn haben[2].

Dennoch dürfte auch die Umwelt einen nicht unerheblichen Einfluss auf die Ausprägung von Begabung haben. Der Anteil, den die Umwelt zu Intelligenzunterschieden zwischen Personen beiträgt, wird auf 40 bis 50 Prozent geschätzt. Nach heutigem Kenntnisstand dürfte die Umwelt insbesondere im jungen Alter, also bei Kindern und jüngeren Jugendlichen, einen prägenden Einfluss auf die Intelligenz haben. Je älter der Mensch jedoch wird, desto mehr scheinen diese Effekte zurückzugehen, und die erblichen Anlagen gewinnen die Oberhand. Zwischen Erbanalgen und Umwelt finden im Laufe des Lebens immer wieder komplexe Wechselwirkungen statt: Denn zum einen bestimmen die Erbanlagen für Intelligenz das Verhalten des Kindes – und die Umwelt reagiert entsprechend darauf. Zum anderen aber können sich diese Erbanlagen je nachdem, welchen Umgebungseinflüssen sie ausgesetzt sind, ganz unterschiedlich auswirken. Bietet die Umwelt vergleichbare Entwicklungschancen, dann lassen sich Unterschiede in der Intelligenz zwischen Personen eher durch die Genetik erklären. Bei unterschiedlichen Entwicklungsbedingungen hingegen dürfte die Umwelt eine deutlich größere Rolle spielen[3].

2 Winner E. Hochbegabt – Mythen und Realitäten von außergewöhnlichen Kindern, Klett-Cotta 1996

3 www.karg-stiftung.de

*

All dies wusste ich natürlich noch nicht, als ich mich zweieinhalb Jahre nach Kais Geburt ratsuchend an die DGhK wandte. Ich führte ein langes Gespräch mit der damaligen Vorsitzenden, einer Professorin für Grundschulpädagogik. Von ihr erfuhr ich viel über die besonderen Bedürfnisse hochbegabter Kinder, doch zugleich erfuhr ich auch, dass es für Vorschulkinder zu jener Zeit noch überhaupt keine Förderangebote gab. Das erstaunte mich doch etwas, denn so wie es selbstverständlich und unumstritten war, für entwicklungsverzögerte Kinder ein kompensatorisches Lernangebot bereitzustellen, hätte ich für das andere Ende der Skala – die Hochbegabung – das Gleiche erwartet.

Nach diesem Gespräch machte sich zunächst tiefe Enttäuschung in mir breit. Ich hatte verstanden, dass ich mindestens bis zur Einschulung meines Sohnes auf mich allein gestellt war mit der Förderarbeit. Andererseits stand für mich fest, dass der Besuch eines herkömmlichen Kindergartens für Kai nicht infrage kam. Im Umgang mit Kindern aus der Nachbarschaft und dem Bekanntenkreis konnte ich immer wieder beobachten, dass Kai mit gleichaltrigen oder nur wenig älteren Kindern nicht ins Spiel kam. Mit seinen zweieinhalb Jahren fühlte er sich in der Gesellschaft von Fünf- bis Achtjährigen am wohlsten. Es war aber nicht nur Kais Intelligenz, die mir beim Thema Kindergarten Sorgen machte, sondern auch seine übermäßige Sensibilität. Kai ging mit anderen Kindern sehr liebevoll um und konnte Aggression überhaupt nicht vertragen. In einer großen, teilweise auch wilden Gruppe hätte er seinen Platz mit Sicherheit nicht gefunden.

In Zusammenhang mit Aggression unter Kindern erinnere ich mich an eine weitere, für Kai kennzeichnende Episode. Einmal besuchte uns ein Junge, der für seine etwas wilde, impulsive Spielweise bekannt war. An jenem Tag aber lief alles harmonisch, ohne das übliche Schubsen ab. Kai, damals zwei Jahre alt, zog aus dieser für ihn neuen Situation seine eigene Konsequenz. Nachdem der Besuch gegangen war, verkündete er bestimmt: „Heute ist Dennis aus Interesse gekommen. Er hat nicht geschubst!" Wieder einmal staunte ich nicht nur über die Wortgewandtheit, sondern auch über das ausgeprägte empathische Vermögen meines Zweijährigen.

Alles in allem war ich überzeugt davon, dass mein Sohn eine individuelle Förderung brauchte, und genau das konnte der Regelkindergarten nicht bieten. Im Zuge meiner Beschäftigung mit dem Phänomen der Hochbegabung stieß ich viel später auf eine sehr gelungene Einschätzung begabter Kinder durch den kanadischen Begabungsforscher Dr. Michael M. Piechowski, die aufzeigt, warum solche Kinder in Gemeinschaften wie Kindergartengruppen oder Schulklassen oft eine Außenseiterrolle einnehmen. Piechowski schreibt:

*„Was ist normal?*

*Begabte Kinder werden einerseits durch ihre Umgebung stark angeregt und andererseits von innen her angetrieben. Weil sie sich so stark stimulieren lassen und weil sie vieles anders wahrnehmen und verarbeiten, werden begabte Kinder oft missverstanden. Was sie als normal empfinden, wird von anderen nicht als normal empfunden. Ihr großer Eifer bzw. ihr hohes Empfindungsvermögen wird als übermäßig, ihre Energie als Hyperaktivität, ihre Beharrlichkeit als störend und quälend, ihr ständiges Nachfragen als Unterlaufen von Autorität, ihre Vorstellungsgabe/Imagination als Unaufmerksamkeit, ihre starken Emotionen und Sen-*

*sitivität als Unreife und ihre Kreativität und Selbstbestimmung als oppositionelle Verhaltensstörung wahrgenommen. Je begabter sie sind, desto stärker weichen sie von der Norm ab.*"[4]

Auf Kai, so wie er als Kind war beziehungsweise wahrgenommen wurde, trifft diese Beschreibung haargenau zu.

*

Während ich noch mit dem Fehlen angemessener Betreuungsmöglichkeiten für meinen Sohn haderte, setzte sich ein rettender Gedanke in mir fest: Ich konnte doch meine einschlägige pädagogische und psychologische Qualifikation nutzen, um selbst eine Fördergruppe für hochbegabte Kinder zu gründen! Damit schlug ich sozusagen zwei Fliegen mit einer Klappe: Kai würde eine angemessene Förderung erhalten, und ich könnte meine berufliche Tätigkeit ausbauen.

Schon bald entwickelte ich ein Konzept für den „Kinderclub", der als ein Angebot der DGhK initiiert werden sollte. Wir starteten damit Anfang 1990, als Kai drei Jahre alt wurde. In unseren Broschüren für interessierte Eltern war es uns ein besonderes Anliegen zu erklären, dass die bedürfnisgerechte Förderung begabter Kinder nichts mit einem „Dressurakt" zu tun hat. Wie oft wird den Eltern hochbegabter Kinder genau dieses „Trimmverhalten" vorgeworfen! Ich selbst habe solche von Neid und Unverständnis getriebenen Anfeindungen zwar kaum erlebt, denn ich hatte es von Anfang an – bzw. von dem Zeitpunkt an, als ich merkte, dass Kai mit gleichaltrigen Kindern nicht gut zurechtkam – vermieden, an Kindergruppen oder anderen regel-

4 Piechowski MM (2010) Ein Vogel, der zur Sonne emporsteigen kann: Erhöhte Sensitivität der Begabten. Journal für Begabtenförderung. 2:7-21

mäßigen Mutter-Kind-Treffs teilzunehmen. Andere Mütter jedoch, die mit ihren begabten Kindern zu uns in den Kinderclub kamen, hatten bereits entsprechende Leidensgeschichten hinter sich. Eltern, die solche Erfahrungen machen, reagieren oft mit totalem Rückzug: Sie vermeiden es, ihre pfiffigen Sprösslinge überhaupt noch zu fördern – das Kind soll ja schließlich nicht zum Außenseiter werden! Doch genau das ist fatal, denn durch die permanente Unterforderung sind Verhaltensauffälligkeiten vorprogrammiert.

Das fragende und fordernde Kind auf später, auf die Schulzeit zu vertrösten, genügt keineswegs. Für das Kind ist die richtige Zeit für ein Thema gekommen, wenn es von sich aus fragt – auch wenn dieser Zeitpunkt des Fragens sehr früh erscheint. Der Vergleich mit anderen Kindern führt in solchen Situationen nicht weiter. Dass das Ignorieren des unerschöpflichen Wissensdrangs im Umgang mit hochbegabten Kindern in der Tat keine Option ist, zeigte mir mein Sohn ganz deutlich: Sobald es nichts gab, worauf er sein Interesse richten konnte, wurde aus dem ansonsten sonnigen Kind schnell ein kleiner Quälgeist.

Wir stellten für den Kinderclub zwei Kräfte ein, die zusammen mit mir als Leiterin die Betreuung und Förderung der Kinder übernehmen sollten, und warteten gespannt auf die ersten Anmeldungen. Diese ließen nicht lange auf sich warten: Die Nachfrage übertraf bei weitem unsere Erwartungen, und wir sahen uns darin bestätigt, dass es einen dringenden und großen Bedarf an Förderangeboten für begabte Kinder gab. Wie groß dieser Bedarf war, zeigte sich auch daran, dass sich selbst Familien aus entfernten Wohngegenden bei uns meldeten. Wir starteten unsere Kurse mit fünf Kindern im Alter von drei bis vier Jahren, die mehrmals wöchentlich zu uns kamen, und brachten es innerhalb kurzer Zeit auf eine Gruppenstärke von etwa 20 Kindern. Kai selbst besuchte den Kinderclub bis zu seiner Einschulung mit fünf Jahren.

Unser Konzept war es, begabten Kindern eine individuelle und ganzheitliche Förderung in den unterschiedlichsten Bereichen – von den Naturwissenschaften über die Welt der Buchstaben und Zahlen bis hin zu Fremdsprachen, Theater, Kunst und Werken – zu bieten. Wir säten und pflanzten, machten uns Gedanken über Temperatur und Wasser, Farbzusammensetzungen, Umweltschutz, fertigten Fingerpuppen, Planspiele, Muttertagsgeschenke und geometrische Körper an, beschäftigten uns mit Verkehr, Kochen und Backen und machten Fotografie-Experimente in der Dunkelkammer. Auch an Exkursionen fehlte es nicht: Wir gingen in den Zoo, ins Museum und ins Aquarium, oft auch ins Theater, besuchten Handwerksbetriebe, ein Krankenhaus und einen Zahnarzt. Oft gab es Spielenachmittage und Picknicke oder spontane Treffen bei den Kindern zuhause. An den Spielenachmittagen beschäftigten sich die Kinder untereinander so phantasievoll, dass sie Erwachsene weder vermissten noch benötigten.

Es war eine sehr intensive, aber auch beglückende Zeit, und der Einsatz lohnte sich allemal: Die Kinder fühlten sich wohl und hatten Gesprächspartner. Die meisten von ihnen machten im Kinderclub zum ersten Mal die wichtige Erfahrung, mit ihrer außergewöhnlichen Begabung akzeptiert zu sein. Das half ihnen, ihr Selbstwertgefühl zu stärken und Vertrauen in ihre besonderen Fähigkeiten zu gewinnen, mit denen sie „draußen" in der Welt meistens nur aneckten. Aus meiner beruflichen Tätigkeit heraus kann ich die landläufig verbreitete Meinung, gerade hochbegabte Kinder müssten soziales

Verhalten erlernen, keineswegs bestätigen. Für begabte Kinder geht es im Umgang mit anderen Kindern schon im frühesten Alter nicht darum, besser zu sein als die anderen oder mehr zu wissen. Sie wollen schlichtweg ihre Gedanken formulieren, Antworten finden, Regeln erkennen und diese kundtun. Aber gerade dieses Verhalten wird oft als besserwisserisch und „unsozial" empfunden.

Auch für Kai war es befreiend, im Kinderclub mit Gleichaltrigen auf einer Ebene kommunizieren zu können. Er, der bis dahin stets nur den Kontakt zu wesentlich älteren Kindern suchte, fand nun erstmals richtig gute Freunde in seinem Alter und blühte regelrecht

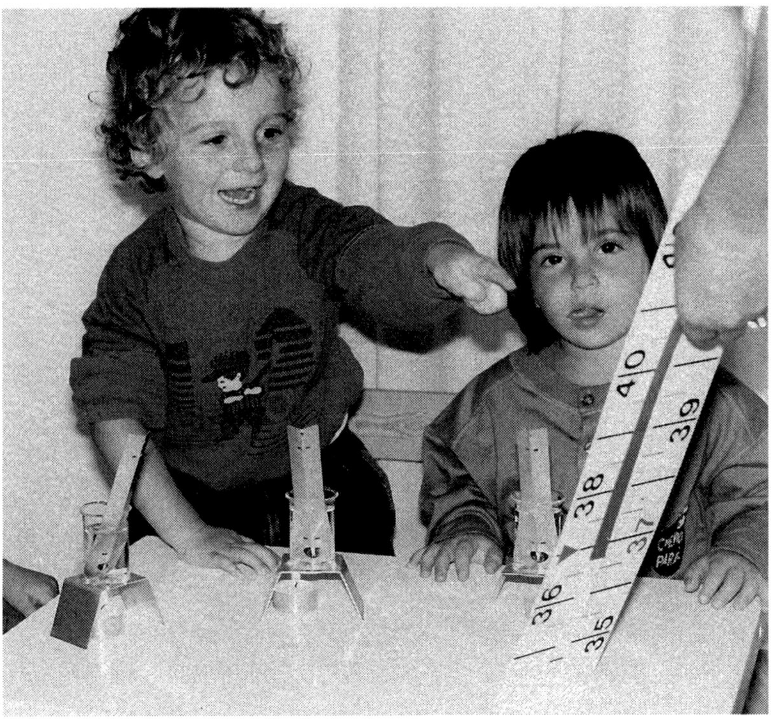

Kai (links) als Dreijähriger im Kinderclub beim Experimentieren

auf. Seine Freunde waren ihm wichtig und immer wenn er es für nötig befand, setzte er sich mit Eifer für sie ein.

Wenn ich mich heute an unsere Zeit im Kinderclub zurückerinnere, sehe ich Kai als Dreijährigen vor mir – die schlanke, eben erst dem Babyspeck entwachsene Kindergestalt, den verwegenen, blonden Lockenkopf –, ich sehe ihn, wie er mit den anderen Kindern am Tisch sitzt, interessiert zuhört und immer wieder begeistert aufspringt, um etwas zu erklären oder zu kommentieren, vor allem aber sehe ich seine vor Intelligenz und Wissensdrang sprühenden Augen, die das eifrige Gesichtchen hell erleuchten lassen. Heute weiß ich, dass die Jahre im Kinderclub unsere „guten Jahre" waren und ich denke oft mit Wehmut an diese Zeit zurück.

*

In diese intensive Zeit sprudelnder Kreativität fielen auch Kais erste Leseversuche und seine ersten spontanen Schreibversuche. Kai kannte schon mit knapp zwei Jahren alle Buchstaben, doch haben wir es bewusst vermieden, sein Lesevermögen zu fördern. Unser Kind sollte schließlich nicht noch mehr „aus der Reihe tanzen" als es das ohnehin schon tat! Stattdessen warteten wir ab, dass er aus eigenem Antrieb heraus das Lesen für sich entdeckte. Mit etwas über drei Jahren war er soweit. Ich erinnere mich, wie Kai eines Abends, als er schon im Schlafanzug im Bett lag und mit seinem Teddy spielte, plötzlich ausrief: „Asypsilon! Asypsilon!", und stolz hinzufügte: „Ich kann jetzt lesen, Mama!" Zuerst schaute ich verdutzt und wusste nicht, was er meinte, doch da zeigte mir mein Sohn den Markenaufnäher des Bärchens, auf dem ASSY stand. Er hatte es tatsächlich geschafft, die

Buchstaben auf dem Aufnäher zu einem Wort zusammenzuführen! Ich erklärte ihm, dass das Ypsilon in Wörtern wie I ausgesprochen wird, denn das konnte er noch nicht wissen. Von jenem Tag an entwickelte sich Kais Lesevermögen schnell, und bei Schuleintritt war er schon so weit, dass er unbekannte, lange Texte oder Bücher sinnentnehmend lesen konnte.

Ebenfalls mit drei Jahren fing Kai an, seine stets sehr phantasievollen und detailreichen Zeichnungen zu beschriften und mit Überschriften zu versehen. Es handelte sich dabei nicht um das Kopieren, Memorieren und anschließende Reproduzieren von Wörtern, wie man es normalerweise bei Vorschulkindern sieht, wenn sie ihren

Schülerlotsen. Zeichnung und spontaner Schreibversuch von Kai im Alter von 3 Jahren

Namen oder einfache Wörter „schreiben". Vielmehr verstand es Kai schon, ein gesprochenes oder gedachtes Wortes in Buchstaben umzusetzen. Auf seinen Zeichnungen prangten – natürlich nicht immer in einwandfreier Rechtschreibung – Wörter wie Ampel, Auto, Schülerlotsen, Schach-Matt und diverse Tiernamen. Schon bald entstanden erste kurze Geschichten.

In den Jahren des Kinderclubs fiel Kai immer noch durch eine erstaunliche Sprachgewandtheit auf, die nun immer mehr auch von seiner Fähigkeit zeugte, Zusammenhänge aus den unterschiedlichsten Erfahrungsgebieten treffsicher zusammenzuführen. So manche Aussage meines dreijährigen Sohnes bringt mich angesichts ihrer

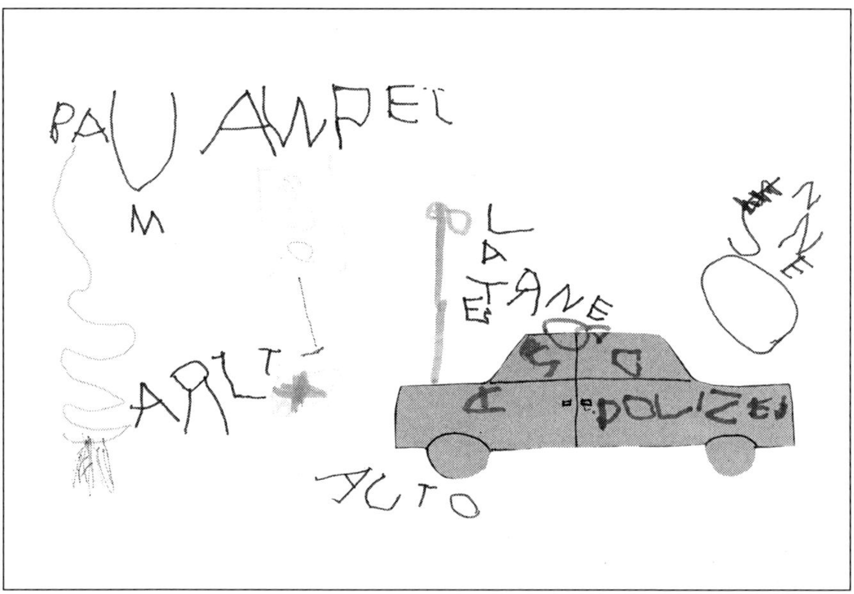


Schablonenauto, Text nach Diktat. Bild von Kai, erstellt im Alter von 3 Jahren

Beschriftete Tier-Collage von Kai, erstellt im Alter von 3 ½ Jahren

Anfang einer kleinen Geschichte, von Kai selbstständig geschrieben im Alter von 4 Jahren (Dieses Buch handelt von einem Hund. Es war einmal ein Hund, er hatte eine rote Schleife)

Pfiffigkeit heute noch zum Schmunzeln. In meinen Aufzeichnungen finde ich Sätze wie diese:

*Der Zauberer ist tot. Aber es kann sein, dass er aufersteht, so wie Jesus Christus, und dann ist der Kaspar wieder in Gefahr.*

*Warum muss man Geschenke nicht bezahlen?*

*Wandern bedeutet so etwas Ähnliches wie rennen, nur eben nicht schnell, sondern langsam gehen.*

Im Flugzeug: *Guck mal, jetzt sieht die Welt aus wie eine Landkarte.*

Auch die folgende Geschichte illustriert Kais erstaunliches assoziatives Vermögen: Als wir einmal im Urlaub waren, boten sich zwei Bekannte an, mit unserem Dreieinhalbjährigen spazieren zu gehen. Da er sich sträubte, griff ich in die Trickkiste und münzte den Spaziergang in ein Eisessen um. „Damit wollt ihr mich nur locken", verkündete daraufhin Kai. Unsere Bekannten schwiegen betreten. Eine Tischnachbarin fragte: „Weißt du überhaupt, was das ist, locken?" Prompt erhielt sie die Antwort: „Das ist wie bei Hänsel und Gretel, da hat die Hexe die Kinder auch gelockt." Diese Begebenheit war nur eine von vielen, aus denen wir lernen mussten, dass bewährte „Lockmittel" bei unserem pfiffigen Sohn nicht funktionierten.

In Erstaunen versetzte uns auch, wie früh Kai schon erkannte, dass Aussagen nicht immer wörtlich zu nehmen sind. So saßen wir eines Abends zu dritt im Wohnzimmer und unterhielten uns. Als mein Mann eine unerfreuliche Begebenheit, an die ich mich heute nicht mehr erinnern kann, mit der spöttischen Bemerkung „Na, das ist ja besonders schön" kommentierte, schaute Kai ihn zweifelnd an und fragte: „Papa, meinst du das ironisch?" Wo er dieses Wort, das keineswegs in das Vokabular eines Dreijährigen passt, aufgeschnappt hat, weiß ich bis heute nicht.

*

Ein besonderes Highlight in Kais Kinderleben waren seine Geburtstage. In der Zeit des Kinderclubs, als Kai vier und fünf Jahre alt wurde, veranstalteten wir kleine Geburtstagspartys, bei denen Kai Regie führen durfte. Und das tat er auch gerne. Er suchte sich seine Gäste aus – Freunde aus dem Kinderclub und Kinder aus unserem Bekanntenkreis –, gestaltete Einladungskarten und plante die Spiele für die Feier. War Kai sonst im Umgang mit anderen Kindern eher zurückhaltend und keineswegs „bestimmerisch", so war es ihm bei seinen Partys doch sehr wichtig, den Ton anzugeben. Bei einem dieser Geburtstage zum Beispiel hatte er es sich in den Kopf gesetzt, mit seinen Gästen Stirnbänder zu basteln. Sehr bestimmt erteilte er mir den Auftrag, die dafür notwendigen Bänder sowie Glitter zum Verzieren zu besorgen. Ich staunte immer wieder über den Erfindungsreichtum meines Sohnes, stand ihm aber bei den Vorbereitungen gerne zur Seite.

Zum Schmunzeln brachten mich auch Kais ausgefallene, teilweise drollige Geburtstagswünsche. Während andere Jungs mit vier, fünf Jahren sich für gewöhnlich Playmobil, Lego oder Actionfiguren wünschen, waren Kais Interessen ganz anders gelagert. Zu seinem fünften Geburtstag etwa wünschte er sich einen Kühlschrank für sein

Zimmer, denn er wollte die Getränkeflaschen und –dosen in seinem eigenen Reich kühlen und öffnen. So bekam er mit fünf Jahren einen eigenen kleinen Kühlschrank und dazu die ebenfalls heißersehnten, mit seinem Namen bestickten Handtücher.

Kai plante seine Geburtstage schon weit im Voraus. So hatte er sich lange vor seinem fünften Geburtstag vorgenommen, zu der anstehenden Feier einen Freund aus dem Kinderclub einzuladen, der – wie sich herausstellte – als Angehöriger der Glaubensgemeinschaft der Zeugen Jehovas Geburtstage jedoch nicht feiern durfte. Kai überlegte eine Weile und fand schließlich für dieses Dilemma eine Lösung, die uns angesichts ihrer Reife in Erstaunen versetzte. Kurzerhand verlegte er den Termin und gab nun – drei Monate vor dem eigentlichen Stichtag – statt einer Geburtstagsfeier eine Party, die zu besuchen für seinen Freund kein Problem war. Ich erinnere mich noch, dass Kai darauf bestanden hatte, die Einladungen zu dieser Party selbst am Computer zu erstellen. Das war wohlgemerkt zu einer Zeit, als Beschäftigung am Computer alles andere als üblich für Kinder seines Alters war. Durch die Tätigkeit meines Mannes an der Universität hatten wir schon sehr früh einen Computer zu Hause und später auch Internet-Zugang, und unser Sohn ließ es sich natürlich nicht nehmen, die Geheimnisse dieses Gerätes zu erkunden. So war er mit seinen knapp fünf Jahren durchaus in der Lage, ein Designprogramm auf einfachem Niveau zu bedienen. Einen Ausdruck dieser Einladung habe ich über die Jahre aufbewahrt. Er zeigt ein Feuerwerk aus tanzenden Herzen und Sternen, durchbrochen von einem ebenso einfachen wie vielversprechenden Einladungstext: *Die Party, die Spaß macht.* Darunter – mit unserer Hilfe eingefügt – Datum, Uhrzeit, Adresse, und dann, als Abschlusszeile, der Name des stolzen Gastgebers: *bei Kai*. Auch an jenem Nachmittag sorgte Kai selbst für die Unterhaltung seiner Gäste.

Alles in allem hatte ich es in jenen Jahren geschafft, meinem besonderen kleinen Sohn ein Umfeld zu bieten, in dem er sich wohl fühlte und zufrieden wirkte. Das machte mich glücklich, und ich schaute mit Zuversicht in die Zukunft.

*

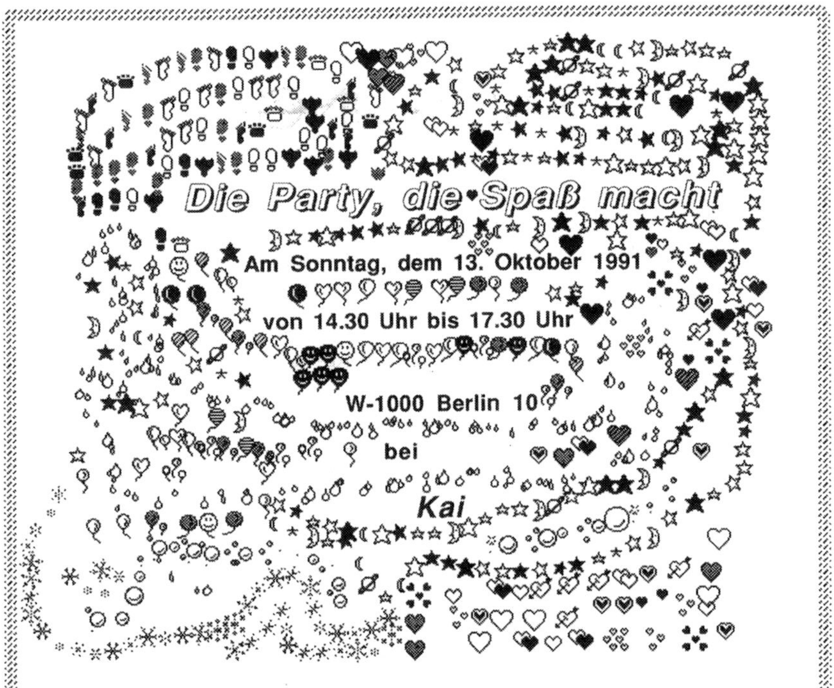


Einladung zur Party, von Kai im Alter von 4 ½ Jahren weitgehend selbstständig am Computer erstellt.

Im Januar 1992 wurde Kai fünf Jahre alt. Wir Eltern waren uns darüber einig, dass er im nachfolgenden Herbst eingeschult werden sollte, denn es war für uns unvorstellbar, ihn noch ein ganzes Jahr länger der Schule fernzuhalten. Wie wir eine Einschulung mit fünf Jahren bei der damaligen Gesetzeslage erwirken sollten, wussten wir allerdings nicht. Eine glückliche Fügung des Schicksals kam uns zu Hilfe: Mein Mann bekam in Norwegen eine Vertretungsstelle angeboten und wir erfuhren, dass dort eine vorzeitige Einschulung unter bestimmten Voraussetzungen möglich war. So brachen wir unsere Zelte in Berlin ab und zogen nach Oslo. Mit der Einschulung begann ein neues Kapitel in Kais Lebensgeschichte. Ein Kapitel, das ich gerne umschreiben würde, wenn ich nur könnte.

## Die ersten Schuljahre in Oslo und Berlin

Im August 1992 wurde Kai im Alter von fünfeinhalb Jahren an der Deutschen Schule in Oslo eingeschult. Die vorzeitige Schulaufnahme war an eine Bedingung geknüpft: Wir mussten die Schulfähigkeit unseres Sohnes in einem entsprechenden Eignungstest – einem sogenannten „Intelligenztest" – belegen. So ließen wir vor unserem Umzug nach Norwegen an der Universität Tübingen einen IQ-Test bei Kai durchführen, wohl wissend, dass ein Intelligenztest in so jungem Alter nur begrenzt aussagekräftig ist. Denn er ermöglicht weder ein differenziertes Bild der Hochbegabung, noch lässt er Rückschlüsse auf den später zu erreichenden IQ zu. Andererseits gibt ein gut durchgeführter Test durchaus eine aussagefähige Tendenz an, und das war für unsere Zwecke ausreichend.

Der IQ-Test an der Uni Tübingen bescheinigte Kai eine allgemeine intellektuelle Hochbegabung. Obwohl uns das Ergebnis nicht überraschte, hatten wir nun zum ersten Mal einen fundierten Beleg für die außergewöhnlichen intellektuellen Fähigkeiten unseres Sohnes in den Händen. Wie schwindelerregend hoch Kais IQ tatsächlich war, erfuhren wir allerdings erst einige Jahre später, als Kai zum zweiten Mal getestet wurde.

Doch nun stand uns erst einmal der Schulstart bevor, dem ich mit Freude, aber auch Besorgnis entgegensah. Von Kais Einschulungstag in Oslo sind mir nicht viele Erinnerungen geblieben. Auf der Suche nach Zeugnissen jenes Tages finde ich in meinem Album ein Foto, das wohl bei der Einschulungsfeier in der Schulaula aufgenommen wurde. Auf einem Podest stehen ABC-Schützen – Jungen und Mädchen – in einer Reihe, die verheißungsvollen Schultüten fest an sich gedrückt, in den Gesichtern eine Mischung aus Stolz und Unsicherheit. Am rechten Bildrand entdecke ich Kai mit seinem Lockenkopf. Das Gesicht meines Sohnes ist von der Kamera abgewandt, ich kann seinen Blick nicht deuten. Ich erkenne aber klar, dass er mit Abstand der kleinste in der Reihe ist – ein zartes Kind mit einer viel zu großen Schultüte.

Trotz seines jungen Alterns lebte sich Kai gut in der Schule ein. Die Klassen waren klein, und es gab differenzierte, an den Leistungsstand der einzelnen Schüler angepasste Lernangebote sowie klassenübergreifende Aktivitäten. Kai gefiel das Schulleben so gut, dass wir ihn sogar im Hort anmeldeten, wo er nachmittags zusammen mit den anderen Kindern Plätzchen backte, sang und spielte. Außerhalb der Schulzeit und an den Wochenenden unternahmen wir Wanderungen oder sammelten in den umliegenden Wäldern Pilze, aus denen wir daheim leckere Gerichte kochten, und im Winter fuhren wir oft Ski. Ich selbst empfand diese Unternehmungen als sehr bereichernd, und auch Kai hatte seine Freude daran. In Oslo entdeckte Kai zudem seine Vorliebe für öffentliche Verkehrsmittel. Wir fuhren bei jeder sich bietenden Gelegenheit mit der Bahn, und schon bald konnte Kai sämtliche Haltestellen in der richtigen Reihenfolge auswendig aufsagen.

*

Das naturnahe und harmonische Leben, das wir in Norwegen führten, nahm ein jähes Ende, als die Vertretungsstelle meines Mannes an der Osloer Universität im Januar 1993 auslief. Nach einem sechsmonatigen Aufenthalt in Norwegen kehrten wir nun wieder nach Berlin zurück, wo wir Kai, der inzwischen sechs Jahre alt und damit auch in Deutschland schulfähig war, an der wohnortnahen Grundschule anmeldeten. Es war eine große Schule mit vielen Klassen und einem großen, unübersichtlichen Pausenhof. Mit bangen Gefühlen fragte ich mich, ob das gut gehen würde.

Schon am ersten Tag, als ich meinen Sohn abholen ging, empfing mich seine Lehrerin alarmiert. Sie wisse nicht, was sie mit Kai anfangen solle, er könne ja schon alles und sei den anderen Kindern weit voraus. Sie schlug mir vor, ihn eine Klasse überspringen zu lassen. Ich wusste jedoch mit Sicherheit, dass ich das nicht wollte. Wie sollte mein Sohn, der ohnehin schon jünger war als seine Mitschüler, in seiner emotionalen und motorischen Kompetenz mit Zweitklässlern mithalten? Also beließ ich es erst einmal dabei und beschloss, die weitere Entwicklung abzuwarten.

Ein langes Abwarten blieb mir allerdings nicht vergönnt. Als ich am zweiten Tag zur Pausenzeit auf den Schulhof ging, um nach Kai zu sehen, bot sich mir ein Bild, das mich zutiefst bestürzte und zu sofortigem Handeln zwang. Zunächst suchte ich den Pausenhof vergeblich nach meinem Sohn ab. Doch dann sah ich ihn. Inmitten der spielenden und lärmenden Kinder stand Kai allein da. Er hatte die Hände fest auf die Ohren gepresst und – das konnte ich erst beim näheren Herangehen hören – er sang, sang laut gegen den Lärm des

Pausenhofs an. Mir war, als wollte Kai mit dem Klang der eigenen Stimme einen schützenden Kokon um sich spinnen, der ihn gegen die tosend auf ihn einstürzenden Geräusche abschirmte.

Man könnte diese nach herkömmlichen Maßstäben übermäßige Lärmempfindlichkeit meines Sohnes belächeln und als „mimosenhaft“ bezeichnen, doch spürte ich, dass mehr dahintersteckte und ich sie unbedingt ernst nehmen musste. Erst Jahre später, im Zuge meiner Beschäftigung mit Hochbegabung, stieß ich auf die Persönlichkeitstheorie des polnischen Psychiaters Kazimierz Dabrowski[5], die für diese Episode – und viele andere unverständliche Verhaltensweisen meines Sohnes – eine fundierte Erklärung liefert.

In seiner Persönlichkeitstheorie nimmt Dabrowski Bezug auf die hohe Empfindsamkeit als wesentliches Merkmal der Hochbegabung. Er unterschiedet fünf Formen des hohen Empfindungsvermögens, die er jeweils als angeboren erachtet – das psychomotorische, sensorische, intellektuelle, imaginative und emotionale Empfindungsvermögen. Diese Varianten des Empfindungsvermögens sind individuell unterschiedlich ausgeprägt und nicht nur für Hochbegabte charakteristisch. Je mehr Formen des hohen Empfindungsvermögens jedoch bei einer Person stark ausgeprägt sind, desto eher kann man sie als hochempfindsam bezeichnen. Hohe Empfindsamkeit allein ist noch keine Hochbegabung, aber eine wichtige Voraussetzung dafür. Wie Dabrowski festhält, kann man eine hohe Empfindsamkeit aufweisen, ohne hochbegabt zu sein, jedoch ist Hochbegabung ohne eine hohe Empfindsamkeit nicht möglich.

5 Dabrowski K (1996) Multilevelness of emotional and instinctive functions. Part 1: Theory and description of levels and behaviour. Lublin, Poland: Towarzystwo Naukowe Katolickiego Uniwersytetu Lubelskiego

In der Schulhof-Episode sehe ich einen klaren Hinweis auf Kais hohes sensorisches Empfindungsvermögen, also seine Fähigkeit, auf Umweltreize mit sehr starken Empfindungen zu reagieren. Menschen mit diesem Vermögen können durch Bilder, Musik oder Gerüche überglücklich werden, aber ebenso können sie „Kleinigkeiten" wie eine Strumpfnaht, ein Etikett in der Kleidung oder normale Umgebungsgeräusche als unerträglich quälend erleben. Kai zeigte uns in seinen Kindheitsjahren immer wieder, wie unwohl er sich in einer lauten Umgebung fühlte. Dass er unter dem Lärm des belebten Schulhofs ernsthaft litt, wunderte mich daher keineswegs. Ich wusste nur nicht, dass auch dies eine Facette seiner hohen Begabung war.

Auf den Vorfall im Pausenhof reagierte ich, indem ich meinen Sohn sofort von der Schule abmeldete.

*

Wir hielten Ausschau nach einer kleineren, ruhigeren Schule, die besser auf die individuellen Bedürfnisse der Kinder einging. Unsere Wahl fiel auf eine Sportschule mit einer günstigeren baulichen Aufteilung, in der der Lärmfaktor nicht so hoch war. Es gab zusätzlichen Sportunterricht und es wurde viel Theater gespielt, was Kai besonders großen Spaß machte. Bei den Schulfesten trug er Gedichte aus dem Lehrplan der dritten Klasse vor und spielte in längeren Theaterstücken mit. Seine Auftritte meisterte er stets mit Bravour.

Ein besonderes Highlight war die Ankunft eines Fernsehteams, das mitwirkende Kinder für die Sendung „Dingsda" suchte. Kai war überglücklich, als er zusammen mit einigen anderen Kindern für die Filmaufnahmen ausgewählt wurde. Die Aufgabe der Kinder bestand

Kai bei einer Schulaufführung in der zweiten Klasse

darin, in kleinen Spots, die in der Schule aufgenommen wurden, vorgegebene Begriffe zu umschreiben. Diese Spots wurden in der Live-Sendung eingespielt, und zwei Prominentenpaare, die gegeneinander angetreten waren, mussten die Begriffe erraten. An dem Abend, als die Folge, in der Kai mitwirkte, ausgestrahlt wurde, versammelten wir uns alle vor dem Fernseher und freuten uns über den ersten Medienauftritt unseres Sohnes.

*

Die Anforderungen des ersten Schuljahres schaffte Kai ohne Mühe. Mit großer Freude entnahm ich dem Zeugnis der ersten Klasse, dass mein Sohn trotz seines jungen Alters alle Schulbelange mit großem Erfolg bewältigte. Das handschriftlich verfasste Zeugnis, das ich zusammen mit anderen Dokumenten aus Kais Leben aufbewahrt habe, kündet von Kais mehr als zufriedenstellenden schulischen Leistungen:

*„Kai ist ein sehr phantasievolles, kluges Kind. Er verfügt über einen umfangreichen Wortschatz, kann sehr gut argumentieren, Doppeldeutigkeiten erfassen und anwenden. Er ist im sprachlichen Bereich seinen Mitschülern überlegen. Kai liest jeden Text ohne fremde Hilfe und erkennt sofort dessen Bedeutungsgehalt. Auch das Rechnen bereitet ihm keine Schwierigkeiten, da er logisch denken und planvoll arbeiten kann. Schriftliche Aufgaben löst Kai manchmal noch etwas langsam. Obwohl Kai jünger ist als seine Mitschüler, bemüht er sich im Sportunterricht sehr, so geschickt und schnell wie die anderen zu sein. Kais Zeichnungen sind phantasievoll und detailreich, bedürfen aber häufig einer Deutung. Kai kann Konflikte sehr gut verarbeiten. Er ist ein fröhliches, kompromissbereites Kind.“*

Rückblickend kann ich sagen, dass die an der Berliner Sportschule zugebrachten anderthalb Jahre keine schlechte Zeit für Kai waren. Zugute kam ihm, dass der Schulleiter sehr bemüht war, eine differenzierte Förderung der Kinder zu ermöglichen. So beabsichtigte er beispielsweise, Arbeitsgruppen – sogenannte AGs – ins Leben zu rufen, die die Kinder entsprechend ihren Neigungen besuchen konnten. Leider scheiterte das Vorhaben an der übergeordneten Schulbehörde, die das Projekt ablehnte.

Was Kai in seiner frühen Grundschulzeit jedoch sehr zu schaffen machte – und daran konnte auch die fortschrittliche Gesinnung des Direktors nichts ändern –, war das Schulcurriculum, dem sich mein Sohn nicht entziehen konnte. Wenn es wieder einmal galt, als Hausaufgabe seitenweise „E“s und „I“s zu schreiben, dann tobte mein Sohn und pfefferte mitunter seine Schulsachen in die Ecke. Er, der schon mit drei Jahren schreiben konnte, sah in solchen Arbeiten keinen Sinn. Umso mehr wunderte es mich, dass er in der Schule insgesamt doch recht angepasst war und alle Aktivitäten – auch solche, die ihm nicht lagen – kommentarlos mitmachte. Ein für ihn leidiges Thema waren die im Schulalltag sehr beliebten Bastelarbeiten. Kai gab sich stets Mühe und hatte schließlich auch jedes Mal eine fertige Arbeit in den Händen – allerdings immer als Letzter. Jedes Mal, wenn eine quälende Bastelaktion anstand, fragte ich mich, warum es nicht möglich war, auf Kais junges Alter Rücksicht zu neh-

Kai als Zweitklässler

men und ihm eventuell eine andere, weniger anspruchsvolle Aufgabe zu stellen. Letztendlich ist es für Kinder wie Kai eine frustrierende Erfahrung, immer wieder aufgezeigt zu bekommen, dass ein kluges Köpfchen nur dann etwas wert ist, wenn die Hände gleichermaßen geschickt sind.

*

Auch in der Berliner Grundschulzeit war es die Aufgabe von uns Eltern, Kais Wissensdurst in verschiedenen außerschulischen Aktivitäten zu stillen. Wir besuchten an den Nachmittagen Bildungsveranstaltungen der Berliner Urania und meldeten Kai in einer Samstagsschule an, die Philosophiekurse für Kinder anbot. Wir taten dies nicht, um Kai einen Wissensvorsprung gegenüber den anderen Kindern zu verschaffen, sondern weil unser Sohn aufgrund seiner regen geistigen Aktivität genau diese Art der zusätzlichen Förderung einforderte. In der modernen Begabungsforschung werden dieser konstante Drang nach Wissenserwerb und die beständige Suche nach Wahrheit als Zeichen eines hohen intellektuellen Empfindungsvermögens gewertet[6], wobei darauf hingewiesen wird, dass intellektuelle Empfindsamkeit keineswegs mit Intelligenz gleichzusetzen sei und sich auch nicht auf schulische Erfolge beziehe. Vielmehr gehe es um das Bestreben, alles analysieren und zugleich als Ganzes betrachten zu wollen, um das Fasziniertsein von Logik und theoretischen Problemstellungen, um ein scharfes Beobachtungsvermögen, ein unab-

---

6 Dabrowski K (1996) Multilevelness of emotional and instinctive functions. Part 1: Theory and description of levels and behaviour. Lublin, Poland: Towarzystwo Naukowe Katolickiego Uniwersytetu Lubelskiego

hängiges, kritisches Denken und das Entwickeln neuer Ideen und Konzepte – und nicht zuletzt um das Nachdenken über das eigene Denken. Dieser intellektuelle Hunger ist gewiss nicht bei allen hochintelligenten Menschen anzutreffen, aber durchaus bei allen hochbegabten. Unser Sohn zeigte seine ausgeprägte intellektuelle Neugierde schon von frühester Kindheit an durch die nicht enden wollenden Warum-Fragen, die wir durchaus ernst nahmen und immer versuchten, in altersgemäßen Worten zu beantworten.

Damit in Kais Aktivitätsspektrum die Kopflastigkeit nicht überhandnahm, achteten wir stets auch auf ausreichende Bewegungsangebote. In der Berliner Zeit gingen wir in den Wintermonaten an jedem Wochenende mit Kai und seinen Freunden Schlittschuh laufen, und im Sommer machten wir Ausflüge ins Umland.

Bemerkenswert war schon in jener frühen Grundschulzeit Kais außergewöhnliches soziales Engagement. Bereits in den Jahren des Kinder-Clubs war mir aufgefallen, dass Kai sich immer wieder und mit großem Eifer für seine Freunde einsetzte. In der Schulzeit nahm sein ausgeprägtes Empathievermögen – insbesondere für Schwache und Benachteiligte – immer deutlichere Konturen an. Ich erinnere mich noch genau, wie er sich in der ersten Klasse, mit gerade einmal sechs Jahren, darüber ereiferte, dass ein ausländisches Kind nicht versetzt werden sollte. Ich konnte ihn nicht besänftigen, und so marschierte er am nächsten Tag beherzt zum Schulleiter, um ihm zu erklären, dass das arme Kind für seine unzureichenden Deutschkenntnisse nichts könne. Natürlich hatte Kais Engagement für die Klassenkameradin nicht den gewünschten Erfolg, aber sein furchtloses Auftreten wurde mit Erstaunen quittiert. Einige Jahre später – zehn war er damals – stellte er sich schützend vor eine Freundin, die von ihrer Mutter bedroht wurde, und blieb so lange bei dem Mädchen, bis die Mutter von ihm abließ. Es gab in Kais kurzem Leben noch viele solche Beispiele für Einfühlungsvermögen und Zivilcourage, die in unserem Umfeld mit einer Mischung aus Erstaunen und Anerkennung aufgenommen wurden.

Was uns in jenen ersten Schuljahren überraschte und auch sehr erfreute, war die gute Akzeptanz unseres besonderen Kindes durch die jeweilige Klassengemeinschaft. Sowohl in Oslo als auch in Berlin fand Kai Freunde an der Schule, und zur Klasse gehörte er ganz selbstverständlich dazu. Ich hätte mir nie träumen lassen, dass sich das schon in wenigen Monaten ändern würde.

## Umzug aufs Land und die erste tiefe Krise

Nachdem Kai das zweite Schuljahr erfolgreich abgeschlossen hatte, trafen wir eine folgenschwere Entscheidung. Mein Mann bekam eine Stelle an der Universität Bonn angeboten und wir zogen in der Nähe von Bonn aufs Land, wo der Wohnraum erschwinglicher war. Natürlich machte ich mir Gedanken darüber, wie sich unser Sohn wohl auf dem Land einleben würde, doch schob ich in meiner Begeisterung über den neuen Lebensabschnitt, der uns erwartete, alle Bedenken beiseite. Stattdessen dachte ich an unsere friedlichen Streifzüge durch die Wälder Norwegens, malte mir eine gemütliche Landschule mit kleinen, ruhigen Klassen aus und stellte mir Kai inmitten einer fröhlichen Kinderschar auf dem morgendlichen Schulweg vor. Kurz, ich war überzeugt davon, das Richtige zu tun. Erst später erkannte ich, dass wir mit unserem Entschluss, der Großstadt mit ihren vielfältigen intellektuellen Anreizen den Rücken zu kehren, Kai eine wichtige Entwicklungsgrundlage entzogen hatten.

Wir bezogen unser Häuschen im Grünen, richteten uns ein und bemühten uns, in der Dorfgemeinschaft Fuß zu fassen. Für uns alle war das Landleben eine neue Erfahrung, und auch ich musste mich neu orientieren. Niemals hätte ich gedacht, dass es so schwer werden würde, Kontakte zu knüpfen, die mehr waren als nur oberflächliche Bekanntschaften. Auch Kai erging es nicht anders: Er bemühte sich sehr um Freundschaften, aber schaffte es nicht, Zugang zu den gewachsenen Cliquen zu finden. Als er feststellte, dass alle seine Schulkameraden Fußball spielten, wollte er das auch, und wir meldeten ihn im örtlichen Fußballverein an – wo er allerdings nur selten zum Spielen kam, da er von den anderen Kindern meistens ins Tor geschickt wurde. Obwohl Kai schon bald merkte, dass er keine echte Begeisterung für den Fußballsport entwickeln konnte, kickte er tapfer mit, denn er wollte um keinen Preis Außenseiter sein. Auch wir Eltern unterstützten die Kontaktaufnahme zu den Dorfkindern nach Kräften, zum Beispiel, indem wir an Kais Geburtstagen zur Kinderparty einluden. Doch nichts nützte – Kai war und blieb ein Fremdkörper in der Kindergemeinschaft.

In der Schule lief es zu unserem Leidwesen auch nicht besser. Kai, der nun in der dritten Klasse war, saß allein in der Bank, denn die anderen Kinder kannten sich schon länger und hatten sich bereits in Paaren oder festen Grüppchen zusammengefunden, in die sie keinen Einlass gewährten. Der Ablauf des Unterrichts war für Kai quälend, denn es gab in dieser Schule keine speziellen Förderangebote für begabte Schüler. Die meiste Zeit über langweilte er sich in der Schule, und – was wohl genauso schwer wog – er hatte auch niemand, mit dem er sich austauschen konnte. Als ich einmal das Gespräch mit der Lehrerin suchte, beteuerte sie mir, dass Kai ein ganz lieber Schüler sei, allerdings bestätigte sie mir auch, dass mein Sohn keinen richtigen Anschluss an die Klassengemeinschaft gefunden hätte.

Wir versuchten, Kais permanente schulische Unterforderung mit diversen Aktivitäten auszugleichen. Dabei mussten wir erfahren, wie

Kai als Viertklässler

begrenzt die Angebote in unserem ländlichen Umfeld waren. Anders als in Berlin gab es dort weder Bildungsveranstaltungen noch Philosophiekurse – es gab einfach nichts, was Kais regen Verstand herausgefordert hätte. Ernüchtert musste ich zudem zur Kenntnis nehmen, dass mein Sohn den Waldspaziergängen, die er in Norwegen so sehr geliebt hatte, offensichtlich entwachsen war. Was wir regelmäßig und auch gerne taten, war, ins Schwimmbad zu gehen. Zu Hause spielten wir, auch mit meinem Mann zusammen, Scrabble und Gesellschaftsspiele, schauten uns gemeinsam ausgesuchte Fernsehsendungen an und unternahmen an den Wochenenden Ausflüge. Wir beschäftigten uns im Rahmen unserer Möglichkeiten mit Kai, doch war mir zugleich vollkommen klar, dass das auf die Dauer nicht reichen würde. Eine rettende Idee jedoch hatte ich nicht.

In welcher inneren Zerrissenheit mein Sohn sich befand, zeigten mir seine Wünsche zum bevorstehenden achten Geburtstag: Auf seiner Wunschliste befanden sich, als Zeichen der Anpassung an seine Schulkameraden, Fanartikel für seinen Lieblingsverein, den BVB, und die entsprechenden Fußballerbildchen. Zugleich aber wünschte er sich auch – und da kam der echte Kai zum Vorschein – einen Bruder, der genauso alt war und genauso dachte wie er. Es zerriss mir das Herz, ihn in solcher Not zu sehen, aber zum ersten Mal konnte ich ihm nicht helfen.

Als in der Schule ein Theaterstück aufgeführt wurde und Kais Rolle aus einem einzigen Wort bestand, wussten wir, dass er seelisch und geistig auf dem Rückzug war.

*

Es liegt mir fern, Kais Lehrerin Vorwürfe wegen der unzureichenden Förderung meines Sohnes zu machen. Wie könnte ich denn auch? In jener Zeit, Mitte der Neunzigerjahre, waren die Lehrkräfte noch keineswegs für den angemessenen Umgang mit hochbegabten Kindern sensibilisiert, und an den meisten Grundschulen – insbesondere auch in ländlichen Gebieten – gab es keine differenzierten, dem Leistungsstand begabter Schüler angepassten Lernangebote. In den vergangenen zwanzig Jahren ist vieles besser geworden: Jedes Schulamt hat mittlerweile eine Begabtenbeauftragte oder einen Begabtenbeauftragten, der bei Schulproblemen begabter Kinder zu Rate gezogen werden kann. Die Lehrer erhalten in Fortbildungen fundierte Einblicke in die Thematik der Hochbegabung, und es werden immer mehr Projekte zur Begabtenförderung an Grundschulen gestartet.

Hintergrund dieser Entwicklung ist eine Erkenntnis, die von Interessenverbänden für Hochbegabung schon seit Jahren eingefordert wird, und nun auch zunehmend Eingang in die Politik findet: Dass die Förderung hochbegabter Kinder auch durch die Schulen erfolgen muss, und nicht, wie es bisher der Fall war und auch heute noch oft ist, in Nachmittags- oder Wochenendkursen, in der ausschließlichen Verantwortung der Eltern. Ein schönes Beispiel für das aktuelle Umdenken in der Politik ist die am 29. Februar 2016 verabschiedete Mainzer Erklärung, in der sich 13 Bundesländer verpflichten, die Förderung von leistungsstarken oder besonders leistungsfähigen Kindern und Jugendlichen als Kernauftrag der Schule zu verstehen und entsprechend voranzutreiben. So sehr mich diese Entwicklung auch freut – für meinen Sohn kommt sie leider zu spät.

*

Dunkle Wolken waren am Horizont aufgezogen, doch das Unheil, das sie verkündeten, sah ich noch nicht. Ich merkte erst, dass etwas ganz und gar nicht stimmte, als Kai im vierten Schuljahr krank wurde. Er bekam Kopfschmerzen, entsetzliche Migräneanfälle, die wir kaum in den Griff bekamen. Der Arzt, den wir zu Rate gezogen haben, konnte eine organische Ursache der Migräne nicht finden, und sprach von einer psychosomatischen Erkrankung. Es halfen weder Medikamente noch Verdunkelung. Kai lag tagelang apathisch im abgedunkelten Zimmer und schien sich immer weiter von uns zu entfernen. An einen Schulbesuch war nicht zu denken. Aber auch wenn die Kopfschmerzen mal nachließen, in der gnädigen Pause zwischen zwei Migräneattacken, verweigerte Kai den Schulbesuch. Da der Zusammenhang zwischen der Erkrankung meines Sohnes und der schulischen Situation nur allzu offensichtlich war, bestand ich auch nicht darauf, und behielt Kai erst einmal zu Hause. Die Krankheitstage summierten sich zu einer langen Fehlzeit, und immer wieder versuchte ich in dieser Phase, die für meinen Sohn so wichtige geistige Nahrung aufzutreiben.

An einem der vielen Fehltage jenes Schuljahres, als Kai wieder einmal den ganzen Vormittag über allein in seinem Zimmer gesessen hatte, überraschte er mich beim Mittagessen mit der Ankündigung, er hätte eine selbsterfundene Geschichte geschrieben. Ich freute mich über die wiederauflebende Kreativität meines Sohnes und beugte mich interessiert über das Blatt Papier. Die wenigen Sätze, aus denen die Geschichte bestand, ließen mir jedoch das Blut in den Adern gefrieren. In der darauffolgenden Zeit habe ich die Geschichte so oft gelesen, dass ich sie heute aus dem Gedächtnis schreiben kann. Sie lautet:

*Das Stinktier*

*Es war einmal ein Stinktier, das nicht stank. Sondern nach Boss roch. Eines Tages wollte es stinken wie alle seine Artgenossen. Da kam ihm die Idee, sich in Kuhfladen zu wälzen. Was es dann auch in die Tat umgesetzt hat. Doch es half nichts. Da war es so sauer, dass es sich umbrachte. Nun verweste es und stank. Sein Wunschtraum ging in Erfüllung, und es konnte in Frieden ruhen.*

Heute sehe ich ganz klar, dass die Geschichte so einfach wie genial ist. Kai erkennt schon im Alter von neun Jahren, dass er durch seine andere Sicht auf die Dinge seinen Mitschülern etwas voraushat, aber dieser Status ist ihm lästig und er wünscht sich nichts sehnlicher, als so zu sein wie alle anderen auch. Dabei entbehrt die Geschichte nicht eines gewissen Witzes, der dadurch zustande kommt, dass die Geschichte vom hässlichen Entlein konsequent umgedreht wird: Nicht das Schöne oder Besondere gilt als erstrebenswert, sondern das „Hässliche" bzw. Alltägliche, das trotz aller Bemühung unerreichbar bleibt. Was mich an jenem Tag, als Kai mir die Geschichte vorlegte, jedoch mit Härte traf, war die erstmals geäußerte Todessehnsucht meines Sohnes. Niemals hätte ich gedacht, dass mein Neunjähriger sich mit solchen Gedanken herumschlug. Mich plagten entsetzliche Selbstvorwürfe: Wie konnte mir Kais desolater Seelenzustand so lange verborgen bleiben?

Im Laufe der folgenden Jahre kam es noch öfter vor, dass Kai von Suizid sprach, und je älter er wurde, desto konkreter wurden seine Überlegungen dazu. Mit seinen Ausführungen, die immer deutlichere Konturen annahmen, versetzte er uns jedes Mal in Angst und Schrecken. Natürlich versuchten wir herauszufinden, was die genaue Ursache für Kais Seelenqual war, doch konnte oder wollte unser Sohn nichts von sich preisgeben, und die immer wiederkehrende Antwort: „Es hat alles keinen Sinn" verwies lediglich auf einen schwer greifbaren, vagen Weltschmerz. Mein Mann konnte den beunruhigenden Gedanken an die Düsternis in Kais Seele im Alltag verdrängen und auch vergessen, doch mir war das nicht vergönnt, und ich litt bei jeder dieser Episoden entsetzliche Qualen.

Bei jenem erstmals geäußerten Suizidgedanken im vierten Schuljahr war ich fest entschlossen, mir professionelle Hilfe zu suchen. Ich konnte es doch nicht tatenlos hinnehmen, dass ein neunjähriges

Kind die Lösung seiner Probleme im Freitod sieht! So stellte ich Kai in einer wohnortnahen psychiatrischen Klinik vor. Die Ärzte dort machten verschiedene Tests mit ihm und verkündeten schließlich ihre Diagnose: Kai leide an Autismus, und es sei zu empfehlen, ihn in einer Tagesklinik behandeln zu lassen. Auf meinen Einwand, Kais Verhaltensauffälligkeiten könnten doch ebenso gut mit der bestätigten Hochbegabung zusammenhängen, wollte niemand eingehen. Die Diagnose des Autismus, die für mich ganz klar eine Fehldiagnose war, konnte und wollte ich nicht akzeptieren. Ich hielt Rücksprache mit unserem Hausarzt und gemeinsam beschlossen wir, die Behandlung in der Tagesklinik nicht anzutreten.

Heute kann ich mit Sicherheit sagen, dass Kai nicht autistisch war. Ganz im Gegenteil: Sein ganzes Leben lang war Kai ein sehr sozialer Mensch, mit einem starken Bedürfnis nach menschlichen Kontakten. Ein Einzelgänger war er nie, und selbst in den dunkelsten Phasen seines Lebens hatte er mindestens einen oder zwei Freunde. Andererseits hat eine Studie jüngeren Datums gezeigt, dass begabte Kinder, die sich leidenschaftlich für seltsame, für andere unverständliche Themen interessieren, oft fälschlicherweise mit der Diagnose des Asperger-Syndroms, einer milden Form des Autismus, konfrontiert werden[7]. Ob bei Kais Autismus-Diagnose die Fehleinschätzung seiner Begabungen eine Rolle gespielt hat, weiß ich nicht. Aber die Erfahrung mit der Klinik hat mich einmal mehr gelehrt, dass ich – ob ich es wollte oder nicht – mich selbst um meinen Sohn kümmern musste. Ich beschloss, bei der Problemlösung auf die weiterführende

7 Probst B (2007) When your child's second exceptionality is emotional: Looking beyond psychiatric diagnosis. 2e Twice Exceptional Newsletter, 20, 1 and 19-23

Schule zu setzen, und begann, nach einem Gymnasium, das Kais Bedürfnissen gerecht wurde, Ausschau zu halten.

*

Es gab aber auch glückliche Momente in jener überwiegend düsteren Zeit. Zu den wenigen Lichtblicken gehörte eine junge Katze, die Kai auf der Straße zugelaufen war. Wir behielten die Katze und sie wurde zu einem willkommenen Familienmitglied, bis Kai eine Katzenhaarallergie entwickelte und wir das Tier weggeben mussten. Wenn ich heute an diese Katze denke, dann versehe ich sie im Stillen mit dem Prädikat „hochbegabt", denn sie rettete einem Kind das Leben. Wie man mir erzählt hat, wollte einer der Nachbarn mit seinem Auto rückwärts von seinem Grundstück auf die Straße fahren. Dabei hätte er mit Sicherheit ein Kleinkind überfahren, das im Spiel versunken hinter dem Auto auf der Straße kauerte, wenn die Katze nicht hartnäckig neben seinem Vorderrad sitzen geblieben wäre. Der Mann stieg aus, um die Katze zu verscheuchen. Erst als er neben seinem Fahrzeug stand, entdeckte er das Kind hinter dem Auto, dem somit wie durch ein Wunder nichts passiert ist. Fortan betrachtete Kai die Katze als Glücksbringer und liebte sie umso mehr. Als es offensichtlich wurde, dass wir das Tier wegen seiner Allergie nicht behalten konnten, war Kai untröstlich. Den Wunsch nach einem anderen Haustier, etwa einem Hund, konnten wir ihm leider nicht erfüllen, da uns schlicht und einfach die Zeit dafür fehlte.

Ein weiterer Lichtblick in jener Zeit war die Spielkonsole Nintendo mit den dazugehörigen Videospielen, für die Kai eine große Begeisterung entwickelte. Dabei ging es ihm weniger um das Spielen selbst als um die Machart der Spiele. Die Nintendo-Konsole, die wir ihm gekauft haben, damit er wenigstens diese eine Freude hatte, wurde oft von seinen Mitschülern belagert. Sie sind Kais Einladung gerne gefolgt und verbrachten viele Stunden an der Konsole mit Ballerspielen, während Kai – glücklich über den seltenen Besuch – daneben saß und sich Gedanken um die Spieleentwicklung machte. Er verschlang nicht nur die einschlägigen Zeitschriften, deren neueste Ausgaben ich ihm immer mitbringen musste, sondern dachte sich auch eine eigene Nintendo-Zeitschrift aus, für die er Kritiken der Spiele selbst schrieb oder aus dem Internet herunterlud. Mit großem Eifer erstellte er unter der Anleitung seines Vaters mehrere Nummern dieser Zeitschrift am Computer. Als ihm die Informationen aus den Zeitschriften nicht mehr reichten, schrieb er die Nintendo-Zentrale im fränkischen Großostheim bei Aschaffenburg an, um sich weiteres Material zusenden zu lassen. Kai war überglücklich, als er von der Firma Nintendo eine Einladung erhielt. Er wurde vom Chef der europäischen Zentrale in Großostheim empfangen, bekam eine Fanta spendiert und durfte sich mit den Spieleberatern über die neuesten Videospiele austauschen. Als Belohnung für sein Interesse erhielt er jede Menge Spiele für seine Konsole, die er zu Hause stolz den Klassenkameraden vorführte.

Schon früh erkannte Kai, dass Videospiele – speziell die Shooter-Spiele – nicht nur ein fesselnder Zeitvertreib sind, sondern durchaus auch Gefahren für Kinderseelen bergen. Da er es als seine Pflicht verstand, davor zu warnen, schrieb er mit elf Jahren einen Brief mit der Überschrift *„Keine Gewalt in Videospielen“* an eine Zeitung. Der Brief begann mit den Worten *„Ich bin ein Kind und bin 11 Jahre alt und ich will jetzt das Interesse von allen Eltern wecken. Es gibt sehr* *viele gewaltfördernde Videospiele […]. Aber ich will Sie jetzt erst mal aufklären, wie brutal diese Spiele sind.*" Das tat er dann ausführlich, und der Brief endete mit den Worten: „*Verbieten Sie diese Spiele Ihren Kindern und nehmen Sie ihnen alle solche Spiele weg […] und greifen Sie hart durch.*" Mit dieser Erkenntnis war das Thema Videospiele für ihn beendet, er verkaufte all seine Spiele und die Konsole, und nutzte fortan nur noch den Computer – zunächst hauptsächlich für kreative Zwecke und später auch für das Stöbern im Internet.

*

Langsam erholte sich Kai von seiner Krankheit und konnte wieder zur Schule gehen. Der Schulleiter machte sich jedoch Sorgen wegen Kais langer Fehlzeit und bestand darauf, ihn über den Stoff der vierten Klasse testen zu lassen. Gemeinsam fanden wir eine externe Lehrerin, die diese Aufgabe übernahm. Zur Vorbereitung auf den Test empfahl uns der Schulleiter Nachhilfeunterricht. Ich vertraute jedoch auf die Fähigkeiten meines Sohnes und wir nahmen die Nachhilfe nicht in Anspruch. Kai enttäuschte mich nicht, denn er zeigte im Test, dass er nicht nur den Stoff der vierten, sondern in Teilen auch den der fünften Klasse schon beherrschte. Somit konnte er nach seiner Krankheit dem Unterricht problemlos folgen, und am Ende der vierten Klasse erhielt er trotz der langen Fehlzeit die Gymnasialempfehlung. Als der letzte Schultag nahte, beschloss Kai, zum Abschied seine Lehrerin, die er sehr verehrte, zu beschenken. Von seinem Taschengeld kaufte er eine kleine Kette und einen Ring, und bat die Lehrerin, diese als Andenken an ihn zu tragen.

So gingen Kais Grundschuljahre zu Ende. Mit dem Übertritt ins

Gymnasium brach eine neue Zeit herein, die uns anfangs aufatmen und die „Stinktier-Zeit“ vergessen ließ. Was danach allerdings kam, stellte die Probleme der Grundschuljahre in den Schatten und trieb uns erst recht in die Verzweiflung.

## Gymnasialzeit mit Höhen und Tiefen

Wir meldeten Kai, der nun neun Jahre alt war, an einem Gymnasium mit integrativer Hochbegabtenklasse an, das nur kurze Zeit zuvor in einem Nachbarort eröffnet worden war. Das Schulmotto „Keiner darf verloren gehen" stimmte mich zuversichtlich, denn es kündete von dem Willen, auch begabte „Problemkinder" erfolgreich durch die Schule zu bringen. Diesem Credo maß ich nach den Erfahrungen der Stinktier-Zeit besondere Bedeutung zu.

Der Schulstart begann in der Tat vielversprechend. Schon nach dem ersten Tag an der neuen Schule lief mir mein Sohn freudestrahlend entgegen: „Mama, das ist schon eine ganz andere Schule!", verkündete er, und freute sich insbesondere über die AGs, die ergänzend zum Unterricht angeboten wurden. Kai entschied sich für den Schulchor und besuchte Kurse in Englisch und Schach sowie einen Computerkurs, der ihm über die Jahre ein fundiertes Wissen auf dem Gebiet der Informatik einbrachte. Leider begann sich in jener Zeit auch Kais zunehmende Abneigung gegen Sport abzuzeichnen, was – gepaart mit der unbändigen Esslust, die er nach der Stinktier-Zeit entwickelt hat – baldige Gewichtsprobleme befürchten ließ. In der Unterstufenzeit zeigte sich die spätere Gewichtszunahme jedoch noch nicht, sodass ich auf den Fotos aus jener Zeit einen schlanken Jungen erblicke, der sich von seinem jüngeren Selbst am ehesten noch durch die nachgedunkelten, nun in einem satten Kastanienbraun leuchtenden Locken unterschied.

In der neuen Schule gelang es Kai schnell, Kontakte zu knüpfen. Auffallend dabei war, dass Kai in einem Alter, in dem sich Mädchen und Jungs für gewöhnlich voneinander abzugrenzen beginnen, keinerlei Anstalten zeigte, dem anderen Geschlecht den Rücken zu kehren. Kais Mitschülerin Sophia, die in späteren Jahren eng mit Kai befreundet war, erinnert sich an diese Zeit so: „*Den vorpubertären Auseinandersetzungen zwischen Mädchen und Jungen entzog sich Kai: Für ihn war es unbedeutend, ob seine Freunde nun Jungen oder Mädchen waren. Daher durfte ich auch zu den Nintendo-Partys zu ihm nach Hause kommen und bei dem Spielmarathon selbst den Controller in die Hand nehmen. Ich erinnere mich noch sehr gut an diese ersten Treffen bei Kai. Es war aufregend, lustig und immer ein bisschen wie in einer anderen Welt.*“

Bemerkenswert war auch das unerschrockene, selbstbestimmte Verhalten, das Kai schon in jenem Alter zutage legte und das auf seine Mitschüler großen Eindruck machte. So schreibt Sophia in ihrer Erinnerung an Kai weiter: „*Wir waren auf Klassenfahrt und Kai schleppte eine irre schwere Trainingstasche die Jugendherbergstreppe hinauf. ‚Ey Kai, was haste denn da drin?‘, fragt jemand. ‚Meine Rationen Cola für die nächsten Tage‘, sagte Kai. Die musste er dann auch wieder abgeben, als die Lehrer es mitbekommen haben. Als Kind war ich erschrocken, dass er sich das überhaupt getraut hatte. Zugleich fand ich es auch unheimlich mutig.*“ Auch Kosima, ebenfalls eine Freundin und Gefährtin meines Sohnes in späteren Jahren, kann sich an Kais unverwechselbares Auftreten in jener Zeit noch deutlich erinnern: *„Ich weiß noch, wie ich neu in die sechste Klasse des Gymnasiums kam und Kai sofort unter den anderen Jungs hervorstach. Immer bereit, sich couragierte Diskussionen mit den Lehrern zu liefern. Das war schon beeindruckend, gerade in diesem jungen Alter.“*

Bei den Lehrern war Kai in jener Anfangszeit ebenfalls beliebt, und einige erinnern sich heute noch mit einem Lächeln in den Augen an meinen streitlustigen, humorvollen und gewitzten Sohn. Als ich unlängst seine frühere Englischlehrerin traf und sie fragte, was ihr in Verbindung mit Kai im Gedächtnis geblieben wäre, erzählte sie mir eine Geschichte, die ich bis dahin noch nicht kannte und über die ich nun schmunzeln musste: Als die Lehrerin eines Tages in Kais Klasse eine Klassenarbeit schreiben ließ, stellte sie beim Einsammeln der Arbeiten erstaunt fest, dass der Arbeit meines Sohnes zwei kleine Tüten Gummibärchen beigelegt waren. Auf ihre Frage, warum er das getan hätte, antwortete Kai verschmitzt: „Damit Sie beim Korrigieren der Arbeiten Ihren Frust besser verdauen!“ Sie staunte über so viel Direktheit, doch zugleich erheiterte sie auch der Witz der Situation. In Erinnerung ist ihr auch Kais unermüdlicher Kampf für Gerechtigkeit geblieben, der immer dann neu entbrannte, wenn sich jemand aus der Klasse ungerecht behandelt fühlte, etwa weil er mit seiner Note nicht einverstanden war. Sie bestätigte mir, dass Kai in jener Zeit bei den Kindern sehr beliebt war und viele Freunde hatte.

Getrieben durch seinen ausgeprägten Gerechtigkeitssinn, entdeckte Kai gegen Ende der Unterstufenzeit ein neues Steckenpferd für sich: die Beschäftigung mit der Rechtslehre. Konsequenterweise wünschte er sich zum bevorstehenden zwölften Geburtstag das Bürgerliche Gesetzbuch, in dem er in der folgenden Zeit ausgiebig schmökerte. Die Beschäftigung mit dem BGB bestärkte ihn in seinem Entschluss, später einmal Jura zu studieren. Noch bevor es soweit war, eignete er sich durch das BGB und Internetrecherchen umfassende Kenntnisse in Zivilrecht an, die er in der Familie und im Bekanntenkreis durch unterschiedlich gelagerte „Rechtsberatungen" zum Besten gab.

Alles in allem waren wir zufrieden mit der Entwicklung, die unser Sohn in den ersten Gymnasialjahren gemacht hat. Sehr zu meiner Freude bekam ich bei den Elternabenden nur Positives über Kai zu hören: Ich bräuchte mir keine Sorgen zu machen, Kai arbeite gut mit und er habe gute Leistungen. Das schönste Lob für mein Kind aber hatte der stellvertretende Schulleiter parat, der einmal, als ich ihn in seiner Sprechstunde aufsuchte, von Kai als „unserem Sonnenschein" sprach. Besser hätte es im Grunde gar nicht laufen können, dachte ich mir, und lehnte mich – zum ersten Mal seit Kais Einschulung – erleichtert zurück. Endlich konnte ich die Verantwortung, die mir in den vergangenen Jahren schwer auf den Schultern lastete, an die Schule abgeben. In der Familie wandten wir uns nun verstärkt den „schönen Dingen des Lebens" zu: Wir feierten Kindergeburtstage, spielten zu dritt Gesellschaftsspiele, sahen gemeinsam fern und diskutierten viel. Ich wiegte mich in Sicherheit, denn nichts deutete auf die Probleme hin, die uns schon in kurzer Zeit mit voller Wucht treffen sollten.

*

In jener Zeit, als ich zum ersten Mal seit langem wieder aufatmen konnte, begann ich, neue berufliche Pläne zu schmieden. In den Jahren nach unserem Umzug aufs Land dachte ich immer wieder mit Wehmut an den Kinder-Club zurück, den ich in Berlin so erfolgreich geführt hatte, und mir wurde allmählich klar, dass ich mit diesem Projekt innerlich noch nicht abgeschlossen hatte. Mit meinen neuen Plänen wollte ich deshalb an den Kinder-Club anknüpfen, allerdings schwebte mir diesmal etwas Größeres vor: Ich beabsichtigte, eine Fördereinrichtung für begabte Kinder im Vorschul- und Schulalter zu gründen, und suchte mir dafür ganz bewusst einen Standort auf dem Land in Wohnortnähe aus. Durch meine eigene leidvolle Erfahrung war es mir ein wichtiges Anliegen geworden, für den Ausbau der Begabtenförderung im ländlichen Umfeld einzutreten.

Das „Kinder-College" öffnete im Jahr 2000 seine Pforten. In mehreren Etappen erweiterte ich die Fördereinrichtung und machte sie zu dem, was sie heute ist: Eine Samstagsschule, in der pro Halbjahr 500 bis 900 Kursteilnehmer im Alter von drei bis sechzehn Jahren eine intellektuelle und emotionale Heimat finden. Mittlerweile bietet das Kinder-College etwa 80 Kurse an, die die Kinder und Jugendlichen entsprechend ihren Neigungen belegen können. Die Nachfrage war von Anfang an hoch, und die aktuellen Anmeldezahlen zeigen, dass der Bedarf an außerschulischen Förderangeboten für begabte Kinder nach wie vor ungebrochen ist.

Besondere Sorgfalt legen wir auf die Auswahl unserer Dozenten, die gerade in den Kursen für ältere Kinder allesamt Gleichbefähigte sind. Ich bin der Meinung, dass für begabte junge Menschen der Dialog mit engagierten Dozenten mindestens genauso wichtig ist wie die rein intellektuelle Herausforderung. Durch Kais Schul-Odyssee musste ich selbst erfahren, wie belastend es oft für das Lehrer-Schüler-Verhältnis ist, wenn der Dozent sich in seinen begabten Schüler nicht hineinversetzen kann. Dann sind Spannungen vorprogrammiert, in deren Folge die Akzeptanz des Lehrers schwindet und die Motivation des Schülers, am Unterricht teilzunehmen, erheblich in Mitleidenschaft gezogen wird.

Heute ist das Kinder-College zu meinem Lebensinhalt geworden. Es erfüllt mich mit Freude und Genugtuung, wenn ich begabten Kindern und ihren oftmals verzweifelten Eltern mit Rat und Tat zur Seite stehen kann. Nicht ohne einen gewissen Stolz registriere ich zudem, dass unsere Arbeit nun auch jenseits der persönlichen Ebene zunehmend Früchte trägt. Die Einrichtung ist über die bundesdeutschen Grenzen hinaus hoch geschätzt und wird vom Land Rheinland-Pfalz finanziell unterstützt. Die Anerkennung unserer Arbeit durch die Politik empfinde ich als einen Meilenstein, zeigt sie doch, dass Hochbegabung als gesellschaftlich relevantes Phänomen wahrgenommen wird und Stimmen, die ein Engagement für betroffene Kinder und Jugendliche einfordern, nicht echolos verhallen.

*

Die Probleme mit Kai begannen in der achten Klasse, kurz nachdem er in die gymnasiale Mittelstufe eingetreten war. Die Lehrer hatten gewechselt, es gab einen neuen Mittelstufenleiter, und plötzlich wehte ein rauerer Wind in den Klassenzimmern. Im Unterricht wurde vermehrt mit Tadel als Erziehungsmittel gearbeitet, was Kais freiheitsliebenden Geist herausforderte und meinen Sohn – insbesondere, wenn er Unrecht witterte – auf die Barrikaden trieb. Es machte sich allmählich eine Atmosphäre breit, in der er sich nicht mehr angenommen fühlte und die er nun ebenfalls immer mehr ablehnte.

Erschwerend kam hinzu, dass die bis dahin sehr beliebte Projektarbeit als Sonderfördermaßnahme eingestellt wurde und es nur noch klassischen Unterricht gab.

Zur gleichen Zeit begann Kai, sich äußerlich zu verändern. Die ungebremste Esslust und der Mangel an Bewegung forderten nun ihren Tribut, und seine ehemals schlanke Gestalt wurde fülliger. In einem Alter, in dem kein anderer Jugendlicher auf diese Idee gekommen wäre, begann er, schwarze Anzüge zu tragen – gern auch der Marke BOSS. Den Schulranzen tauschte er gegen einen Alukoffer ein. Die meisten seiner Mitschüler akzeptierten Kais neues Erscheinungsbild, denn sie verstanden es schon viel früher als so mancher Erwachsene, dass die Anzüge und der Alukoffer Teil von Kais neuem Selbst waren. Kais damalige Klassenkameradin und spätere Freundin Sophia erinnert sich an die unaufgeregte Selbstverständlichkeit, mit der mein Sohn in jener Zeit wahrgenommen wurde:

*„‚Wer ist denn der junge Mann mit dem Aktenkoffer?' fragte mein Vater.*

*‚Das ist Kai, der läuft immer so rum!', antwortete ich.*

*Die Normalität, die in dieser oft gegebenen Antwort in den frühen Jahren meiner Gymnasialzeit mitklang, entsprang nicht meiner besonders selbstbewussten Art, oder einer kindlichen Unbekümmertheit. Es lag an dem Jungen selbst, der – zumeist ganz in schwarz gekleidet – seinen Aktenkoffer über den Schulhof trug wie andere Kinder ihren Schulranzen.*

*Es lag an der Selbstverständlichkeit, mit der er es tat. Da gab es für mich nichts zu diskutieren, zu lästern oder groß zu hinterfragen.*

*Das ist Kai, der läuft immer so rum."*

Anders sah es bei den Lehrern aus. Einige störten sich an der Veränderung in Kais Äußerem nicht, aber insgesamt begann die Akzeptanz seiner Person in der Schule zu bröckeln. „Du mit deinem albernen Koffer“ war nur eine der Bemerkungen, die er sich von Seiten der Lehrer anhören musste. Kais schwindende Akzeptanz bei der Lehrerschaft war mit Sicherheit auch der einsetzenden Pubertät geschuldet. Der „Kinder-Bonus“ war aufgebraucht. Seine schon immer dagewesene Streitbarkeit wurde in Verbindung mit der äußerlichen Veränderung nun zunehmend als Provokation gewertet und entsprechend geahndet, was in Kai den Wunsch nach Abgrenzung weiter verstärkte.

Ich begann zu verstehen, dass für meinen Sohn soeben eine Ära zu Ende gegangen war: die Ära der Anpassung. Was sich nun unter Qualen zum Vorschein kämpfte, war der echte, unverfälschte Kai, wie Phoenix aus der Asche auferstehend. Ein Damm war gebrochen, und ich konnte nichts anderes tun, als abwarten und zusehen, was die Fluten anrichten würden.

*

In jener Zeit bemerkte ich an Kai zum ersten Mal etwas, das man als ein Leiden an der Welt, an der Welt der Menschen an sich bezeichnen könnte. Dieser Weltschmerz verfestigte sich in den darauffolgenden Jahren in ihm und wurde Teil seines Selbst. Ich sah diese Entwicklung in engem Zusammenhang mit Kais regem Interesse an den globalen Geschehnissen: Mehr und mehr wurde er zu einem wandelnden Lexikon – zum einen wusste er über alles zumindest ein bisschen Bescheid, und zum anderen saugte er alle verfügbaren Informationen auf wie ein Schwamm und konnte diese auch reproduzieren. Was er aus Nachrichten, Magazinen, Fernsehsendungen und dem Internet kannte, war allerdings alles andere als eine „schöne" Welt: Hunger und Not in Afrika, menschenverachtende Unterdrückung in Nordkorea, Hass und Gewalt im Nahen Osten, fanatische Islamisten, die weltweit wahllos Unschuldige ermorden, Menschenhändler, Kinderschänder und Kinderpornoringe auch in der sogenannten ersten Welt – kurz, viele Millionen unschuldige Menschen, die unter anderen Menschen leiden.

Jeder Mensch mit Empathie findet die Missstände auf dieser Welt furchtbar, aber bei aller Betroffenheit denkt man nicht ununterbrochen daran, wie schlecht und ungerecht die Welt ist. Man lässt sich von alltäglichen Dingen ablenken – was man anziehen oder einkaufen soll, ob man am Abend lieber in die Kneipe gehen oder sich vor den Fernseher setzen will –, man trifft Entscheidungen des täglichen Lebens und blendet dabei das Leid der Welt aus. Bei Kai, davon bin ich überzeugt, war es anders. Natürlich hat auch er überlegt, was er anziehen oder einkaufen soll oder ob er am Abend fernsehen soll, aber gleichzeitig war bei ihm immer auch das Bewusstsein über den Zustand der Welt da. Er hat bei allem, was er tat, zugleich auch den Weltzustand präsent gehabt und darüber nachgedacht. Und das hieß für ihn, dass er auch ständig über den Sinn der Welt und den Sinn des Lebens und vor allem über die Sinnlosigkeit des Lebens nachgedacht hat. Und während unsereins das alles einfach nur schrecklich findet und darüber hinweg mühelos zur Tagesordnung übergeht, hat er wirklich darunter gelitten.

Kais übermäßiges Leiden an der Welt konnte ich ebenso wie seinen extrem ausgeprägten Gerechtigkeitssinn erst Jahre später verstehen und einordnen, als ich mich mit Dabrowskis Persönlichkeitstheorie befasste. Nach Dabrowski sind diese Eigenschaften Manifestationen eines stark entwickelten emotionalen Empfindungsvermögens und damit eine Spielart der Hochbegabung. Ein hohes emotionales Empfindungsvermögen geht mit komplexen und leidenschaftlichen Gefühlen, einem starken und verfeinerten Gefühlsempfinden und starkem empathischem Vermögen einher, auf der anderen Seite aber auch mit Schüchternheit, Aufregung, psychosomatischen Beschwerden, intensiven Gefühlserinnerungen, Ängsten, Nachdenken über den Tod, Depressionen und mitunter auch Selbstmordgedanken. Von Betroffenen häufig getroffene Äußerungen sind: „Ich fühle mich immer anders", „Ich will normal sein", „Ich gehöre nicht dazu" oder „Ich weiß nicht, was ich hier soll". Aber nicht nur die eigenen Gefühle, sondern auch die Emotionen, Ängste und Spannungen anderer können als überwältigend empfunden werden. Eine hohe emotionale Empfindsamkeit resultiert somit in einem Einfühlungsvermögen, das sowohl sehr nützlich als auch extrem belastend sein kann[8].

Nach Dabrowskis Theorie, die ich im Zusammenhang mit Kais Lärmempfindlichkeit bereits kurz erläutert habe, ist das Entwicklungspotenzial eines Menschen dann am größten, wenn alle Formen des Empfindungsvermögens – das psychomotorische, sensorische, intellektuelle, imaginative und emotionale – stark vertreten sind. Allerdings ist ein hohes emotionales Empfindungsvermögen übergeordnet, und erst die Dreierkombination aus hohem emotionalem, intellektuellem und imaginativem Empfindungsvermögen schafft die

8 Braham A, Schneider-Maessen S (2010) Dabrowskis Bezug zur Praxis: Das Konzept des hohen Empfindungsvermögens – ein erweiterter Blick auf Hochbegabung. Journal für Hochbegabung, 2, 42-47

Grundlage für innere Weiterentwicklung. Wenn ich mir Kais Wesen vor Augen führe, stelle ich fest, dass bei ihm alle Voraussetzungen für persönliche Entwicklung in höchstem Maße erfüllt waren.

*

In jenem Schuljahr, in dem es für Kai ohnehin schon alles andere als gut lief, mussten wir in Verbindung mit der bevorstehenden Konfirmation eine weitere Enttäuschung hinnehmen. In der achten Klasse stand der Konfirmandenunterricht an, und da wir schon ahnten, dass Kai die herkömmliche Konfirmationsvorbereitung ablehnen würde, suchten wir nach einer gangbaren Alternative.

Dass Kai konfirmiert werden sollte, stand für uns fest. Kai war schon im Kleinkindalter von den großen Themen der christlichen Glaubenslehre fasziniert gewesen – allem voran vom Leid, Tod und der Auferstehung Jesu Christi –, allerdings hatte sich das kindlich-naive Interesse schnell in ein kritisches Hinterfragen der Glaubensinhalte und des Glaubens an sich verwandelt. Die Auseinandersetzung mit religiösen Inhalten, nun auch zunehmend mit solchen der Weltreligionen, war für ihn aber weiterhin wichtig, und das wollten wir auch fördern. Unsere Idee war, Kais Konfirmationsvorbereitung von einem uns bekannten Pfarrer und Professor für Theologie durchführen zu lassen. Dieser Professor kannte sich auf dem Gebiet der Weltreligionen aus, und er wäre in der Lage gewesen, Kai studienmäßig an das Thema heranzuführen und mit ihm über theologische Fragen und – ganz wichtig – auch über den Sinn des Lebens zu diskutieren.

Der für den Konfirmandenunterricht zuständige Pfarrer bestand jedoch darauf, dass Kai sich den Gruppenunterricht anschaute. Kai erkundigte sich, was denn auf dem Programm stünde. Bei der ersten Zusammenkunft sollten Steckbriefe gemacht werden, bei der zweiten eine Fahrradtour. Kai lehnte ab, denn ersterem fühlte er sich als Achtklässler längst entwachsen, und an letzterem war er nicht interessiert. Wie wir schon vermutet hatten, weigerte er sich, den Konfirmandenunterricht überhaupt zu besuchen. Die Erlaubnis, den Theologieprofessor einzuschalten, bekamen wir nicht, und damit wurde Kai nicht konfirmiert. Kurze Zeit danach zog er die Konsequenz aus diesem unglücklichen Vorfall und bestand darauf, aus der Kirche auszutreten.

Ich kann bis heute nicht verstehen, warum sich die Kirche gegen unsere Lösung gesperrt hat. Die Kosten des Unterrichts hätten wir gerne selbst getragen, und letztendlich müsste doch das Ziel – die Konfirmation –, und nicht der dahinführende Weg das Entscheidende sein. Möglicherweise störte sich die Kirche daran, dass wir für unseren Sohn eine Sonderbehandlung erbaten, aber so war es nun einmal mit Kai: Oft mussten wir mit ihm aufwändige Umwege gehen, um Dinge zu erreichen, die für andere völlig normal und selbstverständlich waren – wie etwa einen Schulabschluss oder nun die Konfirmation. Auf unserem steinigen Weg hätte ich mir mehr Unterstützung von der Kirche erhofft, insbesondere, weil ich viele Jahre lang aktives Kirchenmitglied war. Dass diese ausgeblieben ist, empfinde ich bis heute noch als herben Schlag.

## Der zweite Absturz

Das, was sich in der achten Klasse schon angebahnt hatte, fand im neunten Schuljahr seinen traurigen Höhepunkt: Kai verweigerte – wieder einmal – den Schulbesuch. Mir war klar, dass er das nicht aus Trotz oder Aufmüpfigkeit tat, sondern weil er einfach nicht anders konnte. Als hochsensitiver Mensch war er seinen heftigen, ihn überwältigenden Gefühlen hilflos ausgeliefert, und in seiner Hilflosigkeit tat er mir unendlich leid. Zunächst hoffte ich, es wäre nur eine vorübergehende Phase, doch die Wochen und Monate vergingen, und Kai blieb außerstande, in die Schule zurückzukehren. Nicht nur, dass ihm die Kraft dafür fehlte. Auch plagten ihn erneut heftige Migräneanfälle, die er jedoch diesmal – anders als in der Grundschulzeit – mit einem Cocktail aus Schmerzmitteln und Koffein selbst in den Griff bekam. An seinem Unvermögen, die Schule weiter zu besuchen, änderte das aber auch nichts, sodass Kai schließlich im Alter von vierzehn Jahren das Gymnasium verließ.

Kais Schulabbruch war für mich ein Schock. Ich war fassungslos, dass mein hochintelligenter Sohn, dem eigentlich alle Möglichkeiten offen gestanden hätten, nun ganz offensichtlich in der Schule gescheitert war. Er hatte noch nicht einmal den Hauptschulabschluss!

Für mich war klar, dass ich alle Hebel in Bewegung setzen würde, um Kai zu einem Abschluss zu verhelfen. Doch zunächst einmal war es mir ein Bedürfnis, Kais IQ noch einmal ermitteln zu lassen – und sei es nur, um eine mögliche Ursache unserer desolaten Situation ausfindig zu machen. Zudem war Kai nun in einem Alter, in dem das Ergebnis des IQ-Tests als relativ stabil anzusehen war.

Wir ließen Kai also ein zweites Mal testen. Das Testergebnis zeigte, dass Kai, wie ich schon geahnt hatte, tatsächlich unter den Höchstbegabten einzureihen war. In dieser Liga spielen Schätzungen zufolge Persönlichkeiten wie Stephen Hawking, Bill Gates, Hillary Clinton und Albert Einstein mit, und ebenso auch der ehemalige Schachweltmeister Garry Kasparow, für den in einem anerkannten IQ-Test eine außergewöhnlich hohe Intelligenzleistung gemessen wurde.

Auch wenn ein hoher IQ generell mit Hochbegabung gleichgesetzt wird, geht die aktuelle Begabungsforschung davon aus, dass eine außergewöhnliche Intelligenzleistung das Phänomen der Hochbegabung nicht im Alleingang bestimmt. Ein hoher IQ soll zwar eine notwendige, aber nicht die alleinige Voraussetzung für Hochbegabung sein. Entscheidend sei vielmehr die persönliche Entwicklung eines Menschen, die maßgeblich auch von der Empfindsamkeit und dem Willen zum Wachstum abhängt[9],[10]. Nach dieser Lesart würde ein Intelligenztest nur das Talent selbst quantifizieren, jedoch keinen Hinweis auf dessen weitere Entwicklung geben.

Kai war sich schon in jungem Alter dessen bewusst gewesen, dass

---

9 Dabrowski K (1996) Multilevelness of emotional and instinctive functions. Part 1: Theory and description of levels and behaviour. Lublin, Poland: Towarzystwo Naukowe Katolickiego Uniwersytetu Lubelskiego

10 Tillier W (2002). A brief overview of the relevance of Dabrowski's theory of the gifted, In AGATE, 15(2), pp.4-12

Intelligenz allein nicht viel über das Wesen eines Menschen aussagt. Er machte schon in seiner frühen Gymnasialzeit die Unterscheidung zwischen Sonderlingen und „normalen" Hochbegabten, wobei er sich selbst zu letzteren zählte. In der Tat ist er als aufgeschlossener, großzügiger Mensch nicht nur stets mit großer Selbstverständlichkeit für seine Freunde eingetreten, sondern machte ebenso selbstverständlich jeden Spaß mit und war in späteren Jahren auch für jede Feier zu haben.

*

Nachdem Kai in der neunten Klasse die Schule verlassen hatte und sich danach monatelang praktisch nur noch zuhause aufhielt, wurde es einsam um ihn. An unserem Wohnort hatte er nach wie vor keine Freunde und auch sonst keine guten Kontakte, die ihn in der Krise hätten auffangen können. Erst später freundete er sich mit einem Jungen aus dem Ort und dessen Familie an. Das Verhältnis wurde so innig, dass sie ihn einmal sogar in den Urlaub mitgenommen haben. Zur Krisenzeit jedoch, als Kai nicht mehr zur Schule ging, führte ihn der Mangel an Kontakten vor Ort in eine soziale Isolation, die er sich keineswegs gewünscht hat und die er auf die Dauer auch nicht aushielt.

Er fing an, abends in das Jugendzentrum unserer Nachbargemeinde zu gehen. Anfangs stand ich dieser Entwicklung offen gegenüber, denn er suchte ganz offensichtlich nach Gesellschaft. Doch schon bald merkte ich, dass die Kontakte, die er dort knüpfte, keineswegs hilfreich für ihn waren. Jugendliche, die ich vorher noch nie gesehen hatte und die mir wenig vertrauenerweckend vorkamen, gingen nun in unserem Haus ein und aus. Unter ihrem Einfluss machte Kai Bekanntschaft mit Alkohol, doch waren die ersten diesbezüglichen Erfahrungen für ihn wohl so abschreckend, dass er sich nach einer anfänglichen „Mitmachphase" vom Trinken fernhielt. Dennoch riss der Kontakt zur Gruppe nicht ab. Heute weiß ich – auch aus Gesprächen mit Freunden meines Sohnes, denen er sich später anvertraut hat –, dass Kai die Gesinnung seiner Kumpels weder teilte noch guthieß, ja sogar als töricht entlarvte. Und trotzdem lief er weiter mit. Konsequenzen zog Kai erst, als einer seiner neuen „Freunde" es mit der Polizei zu tun bekam und Kai zu einer Zeugenaussage vorgeladen wurde. Aus eigener Einsicht stellte er daraufhin seine Besuche im Jugendzentrum ein. Diese Episode in Kais Leben bereitete mir zu jener Zeit Sorgen. Heute jedoch, aus der zeitlichen Entfernung, sehe ich sie als das, was sie mit Sicherheit auch war: Der verzweifelte Versuch eines Heimatlosen, in einer Gemeinschaft Halt zu finden und Anerkennung zu erlangen.

*

Während Kais zweiter tiefer Krise verspürte ich erneut die Ratlosigkeit, mit der nicht nur die Gesellschaft, sondern auch die Wissenschaft unseren Problemen gegenüberstand. Für mich selbst waren Kais seelische Abstürze mittlerweile zu einem Spießrutenlauf geworden, bei dem es nur noch darum ging, unter Aufbietung aller verfügbaren Ressourcen meinen Sohn zum Durchhalten zu motivieren. Wie glücklich wäre ich gewesen, Verantwortung abgeben zu können oder zumindest fundierte Hilfe zu bekommen! Doch dieser Wunsch erfüllte sich auch dann nicht, als ich – der früheren schlechten Erfahrung mit der psychiatrischen Diagnostik zum Trotz – beschloss, Kai erneut in der Klinik vorzustellen. Eine Ärztin untersuchte Kai und diagnostizierte diesmal ADS, das Aufmerksamkeitsdefizitsyndrom, zu dessen Behandlung sie das Psychopharmakon Ritalin empfahl. Für mich war dies wieder eine klare Fehleinschätzung der Situation, denn ich, die Kai kannte wie kein anderer, spürte, dass die Ursache für seine Schulverweigerung einzig und allein in seinen besonderen Talenten und Begabungen lag, die im Alltag einer Regelschule nur hinderlich waren. Was ich mir von der Wissenschaft erhofft hatte, war eine „Anleitung" für den Umgang mit dieser Problematik – doch diese gab es anscheinend nicht.

Bedauerlicherweise ist es auch heute noch oft so, dass Psychologen und Psychiater bei der Einschätzung von Kindern wie Kai im Dunkeln tappen und daher zur ungerechtfertigten Pathologisierung neigen. Zu dieser Thematik schreibt Piechowski: *„Es ist ein allgemeiner Fehler, etwas Außergewöhnliches als etwas Anormales anzusehen. (...) Nach so vielen Jahren ist bei uns unglücklicherweise die Tendenz zu pathologisieren und zu versuchen, die Ausdrucksweisen der hohen Sensitivität mit Medikamenten oder Disziplin zu korrigieren, immer noch sehr vorhanden. Viele begabte Kinder leiden in der öffentlichen Schule. Eins der häufigsten Fehlurteile ist z.B. das Etikett „hyperaktiv" für ein Kind, das voller Energie und Vitalität steckt. Ein Kind, das wirklich ADHS (Aufmerksamkeitsdefizit-Hyperaktivitäts-Syndrom) hat, kann die Hyperaktivität nicht kontrollieren, während ein energetisches Kind dies kann und sich konzentriert, wenn es mit etwas Interessantem beschäftigt ist."*[11] Diese Aussage, auf die ich viele Jahre nach Kais Schul-

---

11 Piechowski MM (2010) Ein Vogel, der zur Sonne emporsteigen kann: Erhöhte Sensitivität der Begabten. Journal für Begabtenförderung. 2:7-21

abbruch gestoßen bin, bestätigt mir im Nachhinein, dass es richtig war, der ADS-Diagnose der Klinik zu misstrauen. Für mich war es schon immer ganz offensichtlich gewesen, dass es nur vom Beschäftigungsangebot abhing, ob Kai „mitmachte“ oder sich verweigerte.

Ich glaube auch nicht, dass Kai an einer klassischen Depression litt. Er hatte zwar in den Zeiten, in denen ihn die Migräne plagte, einen erhöhten Schlafbedarf, aber abgesehen davon war er immer aktiv und hatte gerne Menschen um sich. Auch in den vielen Gesprächen, die ich in jener Zeit mit ihm führte, zeigte er mir ganz deutlich, dass er über Depression Bescheid wusste und diese für sich selbst nicht in Betracht zog. Wir hatten nach wie vor ein gutes Verhältnis zueinander und konnten über Vieles reden, aber in diesem einen Punkt – was genau die Krise in ihm ausgelöst hat – kam ich bei ihm nicht weiter. Wenn er die für uns so erschreckenden Suizidgedanken äußerte, verwies er immer nur auf die Sinnlosigkeit, die er verspürte. Und dieses beklemmende Gefühl der Sinnlosigkeit wurzelte bei Kai, dessen bin ich mir ganz sicher, im Kopf und nicht in der Seele.

*

Leider kommt es oft vor, dass begabte Kinder schon in jungem Alter über eine Sinnkrise in eine Depression abrutschen. Jedes Kind, das dieses Schicksal ereilt, ist eines zu viel – denn die Depression ist eine schwerwiegende Persönlichkeitsstörung, die jedem Kind erspart bleiben sollte. Auslöser ist in vielen Fällen das negative Selbstbild, das diese Kinder durch Ausgrenzung in der Schule und anderen etablierten Gemeinschaften entwickeln, wo sie durch ihr Anderssein auffallen, oft als „schwierig“ eingestuft und schließlich abgelehnt werden.

Ich selbst habe den Umgang mit begabten Kindern und Jugendlichen während meiner langjährigen Berufspraxis generell nicht als schwierig empfunden. Selbst mit den in Schulen so gefürchteten begabten „Problemkindern" hat es im Kinder-College nur selten Konflikte gegeben. Entscheidend für ein friedliches Miteinander und eine produktive Lernatmosphäre sind meiner Erfahrung nach zwei Dinge: Akzeptanz und Respekt. Ich kann nur bestätigen, dass begabte junge Menschen, die sich angenommen fühlen und mit dem gleichen Respekt wie Erwachsene behandelt werden, sich praktisch zu „Selbstläufern" entwickeln, die erzieherische Verhaltenskorrekturen im Grunde gar nicht benötigen. Am besten funktioniert das, wenn Schüler und Lehrer Gleichbefähigte sind, denn dann begegnen die Lehrer ihren pfiffigen Schülern auf Augenhöhe und werden selbst von den aufmüpfigeren unter ihnen nicht „geschafft". Wenig hilfreich ist es dagegen, die schwierigeren Schüler unter Druck zu setzen und auf feste Lern- und Arbeitsregeln zu pochen. Das hat bei Kai nicht funktioniert und funktioniert generell nicht bei hochbegabten Kindern und Jugendlichen mit unangepasster und freiheitsliebender Geisteshaltung.

Es ist anzunehmen, dass die Prinzipien von Akzeptanz und Respekt in einer Samstagsschule, in der es nicht um Leistung und das Erlangen von Abschlüssen geht, leichter umzusetzen sind als in der herkömmlichen Regelschule – auch wenn die Persönlichkeit des Lehrers, seine Art, den Stoff zu vermitteln und die Kinder zu motivieren, zweifelsohne unabhängig von der Schulart eine wichtige Rolle spielen kann. Es ist daher nur zu begrüßen, dass die Politik sich nun vermehrt der Förderung von begabten Kindern und Jugendlichen annimmt und zunehmend auch spezielle Schulen für Hochbegabte eröffnet werden. Mit Sorge sehe ich jedoch, dass viele dieser Schulen sich als Hochleistungsschmieden profilieren, in denen leistungswillige Kinder gut aufgehoben sind, weniger angepasste junge Menschen jedoch immer noch auf der Strecke bleiben. Für diese „Problemkandidaten" ist es offensichtlich nicht ausreichend, wenn sie zwar unter Gleichbefähigten, aber ansonsten nach der herkömmlichen Lehrmethodik beschult werden. Diese Erkenntnis setzt sich nun immer mehr durch an den Schulen. So hat beispielsweise das Gymnasium mit integrativer Hochbegabtenklasse, das Kai bis zur neunten Klasse besucht hat, sein ursprüngliches Schulmotto „Keiner darf verloren gehen" inzwischen abgeändert. „Wir sind die Chancengeber" heißt das neue Motto, das die Möglichkeiten der schulischen Förderung von Hochbegabten wohl besser reflektiert.

*

In der dunkelsten Zeit, als feststand, dass Kai nicht mehr ans Gymnasium zurückkehren würde, überlegte ich angestrengt, wie ich meinen Sohn aus seiner tiefen Krise befreien könnte. Ich war fest entschlossen, mit allen mir verfügbaren Mitteln um ihn und seine Zukunft zu kämpfen. Nachdem ich Kais Arzt in meine Überlegungen eingeweiht hatte, entschieden wir zusammen, dass ich meinem Sohn eine Sprach- und Kulturreise anbieten würde. Da Kai sich schon immer für Fremdsprachen, Geografie und Politik interessiert hat, rechnete ich mir gute Chancen aus, dass er auf den Vorschlag eingehen würde. Unsere Wahl fiel auf Malta, und ich unterbreitete ihm das – recht kostspielige – Angebot einer Sprachreise. Dass wir im Gegenzug auf unseren Jahresurlaub verzichten würden, war mir in dem Moment unwichtig. Entscheidend war nur, dass es mir endlich gelang, die Düsternis aus Kais Gedanken zu vertreiben. Zu meiner großen Erleichterung willigte Kai ein, und die Reise wurde in der Tat ein voller Erfolg. Im milden Mittelmeerklima der Insel, umspielt von blauem Himmel, Meer und Wind, blühte Kai auf. Er lernte Land und Leute kennen und entwickelte ein gutes Verhältnis zu seiner Gastfamilie. Diese freundlichen Malteser nahmen ihn herzlich in ihrer Mitte auf, gewährten ihm aber auch viele Freiheiten, sodass er sich keineswegs gegängelt und kontrolliert fühlte. Natürlich hatte ich die ganze Zeit über ein etwas mulmiges Gefühl, ob denn auch alles gut gehen würde mit meinem gerade einmal Vierzehnjährigen in der Fremde, aber die Sorge war unbegründet. Kai kehrte erholt und voller Tatendrang zurück. Vor allem aber war er so weit gefestigt, dass wir das Thema Schule wieder aufs Tapet bringen konnten. Ich verspürte grenzenlose Erleichterung.

*

Dass es uns gelungen war, Kai bei seinem zweiten Absturz aufzufangen, erscheint mir heute noch wie ein Wunder. Es war eine unglaublich nervenaufreibende Zeit, in der ich alle meine Kräfte mobilisieren musste. Umso mehr freute es mich, dass Kai meinen Einsatz für ihn sehr wohl zu schätzen wusste: In jener Zeit erhielt ich einen „Oscar" für die weltbeste Mutter – eine Geste, die mir sehr zu Herzen ging.

## Zurück an der Schule

Nach seinem Aufenthalt in Malta konnte ich Kai überzeugen, ab dem darauffolgenden Herbst wieder zur Schule zu gehen. An eine Rückkehr an sein altes Gymnasium allerdings war nicht zu denken. Auch hätte Kai an jeder Regelschule die neunte Klasse wiederholen müssen, was er kategorisch ablehnte. Nach langem Überlegen entschied ich, meinen Sohn im nahen Bonn an einem privat geführten Lehrinstitut zur Vorbereitung auf die Schulfremdenprüfung anzumelden. Die bestandene Prüfung würde ihn zum Vorrücken in die gymnasiale Oberstufe berechtigen.

An der neuen Schule fühlte sich Kai vergleichsweise wohl. Das war im Wesentlichen zwei Lehrern geschuldet, die er sehr bewunderte, sowie der Tatsache, dass er relativ selbstgesteuert lernen konnte. Trotz des praktisch komplett versäumten neunten Schuljahres bereitete ihm der zu bewältigende Stoff keine Schwierigkeiten. So zeigte er wieder einmal, welche intellektuelle Leistung er erbringen konnte, wenn er nur ausreichend motiviert war. Für mich war es eine große Erleichterung, meinen Sohn wieder mit einem Ziel vor Augen zu sehen.

Bei der Vorbereitung dieser Aufzeichnungen bat ich einen von

Kais Lieblingslehrern vom Bonner Lehrinstitut, zu dem ich heute noch Kontakt habe, Bernd Mischke, mir seine Erinnerungen an Kai zu schildern. Er berichtete mir von Kais Brillanz, die immer dann zutage trat, wenn Kai sich für etwas interessierte. Ebenso erinnerte er sich aber auch an Kais Lustlosigkeit und fehlende Beteiligung bei Themen, die ihn nicht fesselten, an den Zweckoptimismus, den er mitunter an den Tag legte, und an sein strategisches, minimalistisches Vorgehen bei der Bewältigung des Schulstoffs.

Deutlich vor Augen hatte er das besondere Auftreten meines Sohnes, seine schwarzen Anzüge. Er erinnerte sich an den Respekt, den die anderen Schüler Kai entgegenbrachten und die Faszination, mit der sie Kais fundierte Unterrichtsbeiträge aufnahmen. Zu keinem Zeitpunkt sei Kai gemobbt worden. Auch ein weiteres Detail war ihm in Erinnerung geblieben, nämlich, dass Kai gegenüber anderen Meinungen sehr tolerant und aufgeschlossen war – allerdings nur dann, wenn diese wohl durchdacht waren und nicht auf falschen Prämissen beruhten. Wichtig für ihn sei es gewesen, mit den Menschen diskutieren zu können. Schroff reagierte er allerdings bei oberflächlich „dahergeplapperten" Ansichten ohne Tiefgang, wenn also eine echte inhaltliche Auseinandersetzung nicht möglich war.

Als sich das Schuljahr seinem Ende näherte, beantragten wir eine Sondergenehmigung des Kultusministeriums, damit Kai an der Schulfremdenprüfung teilnehmen konnte. Denn im Regelfall wurden nur Kandidaten über sechzehn Jahre zur Externenprüfung zugelassen, und Kai war erst fünfzehn. Trotz seiner schwierigen Vorgeschichte hatte Kai keine Mühe, die Prüfung zu bestehen, und konnte somit in die gymnasiale Oberstufe eintreten.

*

Einer der Prüfer bei der Schulfremdenprüfung war Andreas Breitenstein, heute Leiter der CJD Realschule in Königswinter. Breitenstein kannte Kai aus früheren Jahren, denn er hatte ihn in der gymnasialen Unterstufe unterrichtet. In einem Schreiben an mich erinnert er sich an Kais besonderes Auftreten am Gymnasium und an seine Brillanz bei der Externenprüfung:

*„Als Kai in der siebten Klasse unserer Schule war, unterrichtete ich ihn im Schuljahr 1998/1999 in Kunst. Er hatte seine eigene Art, sich in der Kunst auszudrücken, war aber ein guter Schüler. Nach diesem Schuljahr sah ich ihn ab und zu auf dem Hof und wir wechselten jedes Mal einige Worte. Er trug immer einen schwarzen Anzug und kam mit einem dazu passenden Koffer daher. Ich mochte ihn. Eines Tages traf ich ihn nicht mehr, da er die Schule verlassen hatte.*

*Zu der Zeit nahm ich die Nichtschülerprüfung für die Bezirksregierung in Köln ab. Diese Prüfung müssen alle Schülerinnen und Schüler absolvieren, die an einer Ergänzungsschule unterrichtet worden sind und einen staatlich anerkannten Schulabschluss erlangen wollen. Die Prüfungen fanden immer im Herbst und im Sommer statt.*

*Bei der Vorbereitung zu einer dieser Nichtschülerprüfungen – mein Kollege und ich waren für das Fach Erdkunde zuständig – fiel mir auf der Liste der Prüflinge gleich der Name Kai Thieroff auf. Er war im Mittelfeld unserer Prüfungsgruppe, und das war für uns beide Prüfer wieder eine Ermutigung, Lehrer zu sein. Die Vormittagsprüfungen verliefen relativ zäh, bis Kai zu uns in den Prüfungsraum kam. Ich hatte meine Kollegen im Vorfeld informiert, dass ich Kai kennen würde und er sehr intelligent sei. Nach kurzer Begrüßung – wir beide erkannten uns gleich – ging es in medias res. Kai hatte sich auf drei Themen vorbereitet, und eines davon wurde von uns geprüft. Er war so perfekt in seinem Vortrag, dass wir keine Zwischenfragen stellen mussten. Dafür bremsten wir ihn in seinen Ausführungen, sonst hätte er die Prüfungszeit gesprengt.*

*In der Gesamtprüfungskonferenz haben mein Kollege und ich erfahren, wie gut Kai insgesamt seine Prüfung gemeistert hatte. Danach habe ich von Kai nicht mehr gehört.*

*Mein Kollege und ich sprachen oft über Kai und seine Prüfung, denn so eine ist uns in den darauffolgenden Jahren nicht mehr untergekommen.“*

*

Mit der bestandenen Schulfremdenprüfung hätte Kai seine Schullaufbahn an jedem regulären Gymnasium fortsetzen können. Er aber entschied sich für die gymnasiale Stufe eines Berufskollegs, das die Fächer Wirtschaft, Betriebswirtschaft und Rechtslehre im Lehrplan hatte, und damit seinem Interesse an juristischen Fragen sehr entgegenkam. Kais Schulwahl stieß bei mir nicht auf ungeteilte Zustimmung. Mein Vorschlag war es, dass er weiterhin über das Bonner Lehrinstitut die Fremdreifeprüfung anstrebte. Dann hätte er das Tempo selbst bestimmen und gegebenenfalls auch eines der drei langen Schuljahre überspringen können. Kai hielt jedoch an seiner Entscheidung fest und ich verzichtete auf weitere Überredungsversuche, denn unter gar keinen Umständen wollte ich die mühsam errungene Balance in seinem Leben aufs Spiel setzen.

Für Kai spielte bei der Schulwahl neben dem Fächerangebot noch ein weiterer Aspekt eine wichtige Rolle. Das Berufskolleg, für das er sich entschieden hatte, befand sich in Köln, und da ein tägliches Pendeln nicht infrage kam, mussten wir eine Bleibe für ihn in der Stadt suchen. Was damit einherging – Großstadtleben, neue Anregungen, Freiheit, Selbstbestimmung – war genau das, was Kai sich wünschte. Wir mieteten für ihn eine kleine Wohnung mitten im Stadtzentrum, in der Genter Straße, die er mit Freude bezog. Mit anderen Formen der Unterbringung wie Internat, Wohnheim oder Untermiete wollte ich gar nicht erst experimentieren, denn es war für mich klar, dass mein Sohn sich in einen geregelten Wohnablauf nicht mehr einfügen würde. So musste ich Kai mit gerade einmal fünfzehn Jahren in die Selbstständigkeit entlassen, und mich schweren Herzens daran gewöhnen, ihn nur noch an den Wochenenden und in den Schulferien in meiner Nähe zu haben.

Trotz seines jungen Alters war Kai mit der plötzlich erlangten Freiheit und Selbstständigkeit keineswegs überfordert. Bis auf die Wäsche, die ich an den Wochenenden für ihn machte, führte er seinen Haushalt praktisch selbst. Er kaufte für sich ein, lernte kochen und wenn er uns zu Hause besuchte, beeindruckte er uns öfter mal mit seiner kreativen, fantasievollen Kochkunst.

Anfangs befürchtete ich, dass Kai sich durch die räumliche Trennung schnell von uns Eltern lossagen würde, aber das Gegenteil war der Fall: Unsere Beziehung blieb weiterhin stabil und innig, und auch wenn wir nun über das Leben unseres Sohnes nur noch das erfuhren, was er bereit war preiszugeben, hatten wir nicht den Eindruck, ausgeschlossen zu sein. Kai war uns gegenüber nach wie vor mitteilsam, und die häufigen und ausgiebigen Telefonate trösteten mich über seine Abwesenheit hinweg. Auch wir Eltern besuchten ihn öfters an den Wochenenden in seiner „Sardinenbüchse" – so nannte Kai seine kleine und enge Wohnung – und ließen uns gerne in sein neues Leben einführen.

In jener Zeit entdeckte Kai seine Reiselust und fing an, wann immer es nur ging, Besuchsreisen zu Freunden weltweit zu unternehmen. Auch der Besuch der Fahrschule und die Fahrprüfung fielen in die Kölner Zeit. Nachdem Kai gegen Ende seines Aufenthalts in Köln, kurz nach seinem achtzehnten Geburtstag den Führerschein erworben hatte, schenkte ihm mein Mann unseren alten Fiat Punto. Kai legte sich einen sportlichen Fahrstil zu und genoss die neuerlangte Mobilität in vollen Zügen.

In dem Maße, wie Kai an Selbstvertrauen und Lebensfreude zurückgewann, schwand auch die Farbe Schwarz aus seinem Leben. Zu den schwarzen Handtüchern gesellten sich nun auch rote, und die schwarzen Anzüge bestimmten nicht mehr seinen Alltag. Überrascht stellten wir bei einem unserer Besuche in Köln fest, dass Kai sich ein farbenfrohes, großformatiges Bild an die Wand gehängt hatte. Es war eindeutig: Die schwarze Phase begann zu bröckeln. So konnte auch ich nun wieder aufatmen und mich mit neuem Elan dem Ausbau meines Kinder-College zuwenden.

*

Wenn ich an Kais Kölner Zeit zurückdenke, merke ich, wie erschreckend wenig Details mir im Gedächtnis geblieben sind. Schemenhafte Erinnerungsfragmente blitzen auf, Teile eines Mosaiks, das längst zu Bruch gegangen ist. Ich sehe uns drei in Kais „Sardinenbüchse" am Tisch sitzen, mein Mann, wie so oft, eine brennende Zigarette in der Hand. Ein Aschepartikel fällt auf den Tisch, und Kai springt mit einem Eifer, den er in unserem Wohnzimmer niemals an den Tag gelegt hätte, auf, um einen Lappen zu holen und das Malheur zu beseitigen. In einem anderen Erinnerungsfetzen führt uns unser Sohn stolz zur neu eröffneten Niederlassung einer Kaffeekette, zeigt uns die Vielfalt an Sorten, berät uns bei der Wahl des Kaffees und schwärmt von dem Schuss Vanillesirup, mit dem er sich seinen Kaffee verfeinern ließ. Dann ein Einkaufsbummel in der Stadt, der uns in eine Parfümerie führt. Kai lässt sich von einer jungen Verkäuferin beraten, sie himmelt ihn mit großen Augen an und steckt ihm zum Schluss eine ganze Handvoll Parfümproben in seine Einkaufstüte. Eine CD aus jener Zeit fällt mir noch ein, ein Geschenk an meinen Mann, von Kai selbst mit Musik – den Lieblingshits seines Vaters – aus dem Internet bestückt, als „Father's Hits" betitelt. Oder die stolz erzählte Geschichte eines Abendessens bei syrischen Bekannten, die Kai als einzigen deutschen Gast eingeladen haben. Einmal, erinnere ich mich weiter, versuche ich vergeblich, Kai am Telefon zu erreichen. Alarmiert schicke ich meinen Mann nach Köln, damit er nach ihm sieht. In der „Sardinenbüchse" empfängt ihn ein mürrischer Kai, der einfach nur keine Lust hatte, abzuheben, und nun die ganze Aufregung nicht versteht. Er gelobt aber Besserung und hält sich fortan an die Spielregeln.

*

Die Einsamkeit, die Kais früheres Leben streckenweise beherrscht hatte, wich in der Kölner Zeit vollends von ihm. Er freundete sich mit ein paar Jungen aus der Schule an, aber besonders wichtig war ihm die Freundschaft zu einer Mädchenclique – sechs gescheite, freundliche Mädchen, die er teilweise noch aus seiner Gymnasialzeit kannte. Kai und „seine Mädchen" wurden unzertrennlich. Wie innig die Bande dieser Freundschaft waren, wurde mir im Grunde erst nach Kais Tod bewusst, aus den Erzählungen der Mädchen. Ich bat sie, mir ihre Erinnerungen an Kai niederzuschreiben. Aus den Gesprächen und Aufzeichnungen erfuhr ich, dass Kai diesen jungen Frauen nicht nur ein lustiger, zu jedem Spaß bereiter Gefährte, sondern auch ein tiefsinniger Gesprächspartner und eine seelische Stütze in schwierigen Zeiten war.

*„Kai war ein außergewöhnlicher Mensch"* – schreibt Kosima, eines der Mädchen dieser Clique – *„mit seinem eigenen Kopf und Humor, einer starken Überzeugung für seine Werte und einem unfassbar großen Herzen für die Menschen, die ihm etwas bedeuteten. Er war alles andere als ein Mitläufer und genau dafür mochte ich ihn so gerne."*

*„Wir, die Mädels"*, erinnert sie sich weiter, *„hatten eine wunderbar positive Zeit mit Kai. Er war immer spontan für eine Unternehmung bereit und dadurch erlebten wir die lustigsten Abende, oder auch mal spontane Roadtrips nach München. Kai hatte die Gabe zu begeistern und mich aufzuheitern, wenn ich mich nicht gut fühlte. Seine Ansage war dann immer: ‚Los, wir fahren dort und da hin und erleben etwas!' Heute weiß ich diese Erinnerungen sehr zu schätzen und ich versuche mich in schwierigen Phasen genau nach diesem Credo zu verhalten – bloß nicht den Kopf in den Sand stecken, sondern sich mit neuen, schönen Themen und Aktivitäten zu beschäftigen.*

*Neben dem einmaligen Humor hatte Kai natürlich auch seine unvergleichliche Intelligenz und Schlagfertigkeit. Wir konnten uns stun-*

Kai mit seiner guten Freundin Kosima in der England-Zeit

*denlang über tiefgründige Themen unterhalten – beispielsweise die Glaubensdiskussion und unsere Werte. Kai war ein unglaublich liberaler Mensch und das hat uns sehr verbunden. (...) Ich glaube, auch die Liebe zur Stadt Köln und der frühe Auszug von zuhause war Ausdruck seines Wunsches nach Weltoffenheit und Toleranz. Man konnte Kai in keine Schublade stecken, das machte ihn einmalig. Er zog sein Ding durch, lachte laut, wenn ihm danach war und war damit wie kein anderer. Ich vermisse Kai sehr und werde die Zeit mit ihm nie vergessen."*

Sophia, ebenfalls eines von „Kais Mädchen" und Freundin meines Sohnes aus der Gymnasialzeit, schreibt über die Anfänge ihrer

Freundschaft: „*Kai hat unsere Schule verlassen. In welcher Klasse das war, weiß ich nicht mehr. Den Kontakt haben wir gehalten. Kai hat sich hierfür immer eingesetzt. Freunde waren Kai wichtig, jeder einzelne*". Über die Kölner Zeit berichtet sie weiter: „*Kai lebt jetzt in seiner eigenen Wohnung in Köln, mit fünfzehn Jahren. Ich bin baff, aber wieder einmal beeindruckt von der Selbstverständlichkeit, mit der er diese Nachricht übermittelt und mich zum Besuch in seine ‚Sardinenbüchse' – O-Ton-Kai – einlädt.*"

Am Beispiel einer Episode aus der Kölner Oberstufenzeit schildert sie, was Kai in jenen Jahren der Mädchen-Clique bedeutet hat: „*Kosima, Tini, Sonja, Nuria, Caro und ich. Wir waren in der Oberstufe eine unzertrennliche Mädelsgruppe. Kai war oft mit von der Partie, wenn wir etwas unternahmen oder das Nachtleben unsicher machten. Es gibt aus dieser Zeit viele lustige Geschichten (…). Aber einen Abend werde ich nie vergessen, denn aus heiterer Feierstimmung wurde plötzlich Ohnmacht. Kosima und ich fuhren wie auch an vielen Wochenenden zuvor, ausgerüstet mit einer Flasche Sekt im Regionalzug nach Köln. Mit einem ordentlichen Schwips sind wir dann in einen Nachtclub in der Innenstadt gegangen. Nach einer halben Stunde hatte Kosima aus immer noch unerklärlichen Gründen einen totalen Kreislaufzusammenbruch. Als ich es endlich mit ihr aus dem Club geschafft und sie auf eine Parkbank verfrachtet hatte, brach in mir die Panik aus. Ich war mit der Situation überfordert. Alt genug, um einen Nachtclub in Köln zu besuchen, aber anscheinend zu jung und unerfahren, um die Situation zu managen. Da habe ich Kai angerufen und ihm von unserer hilflosen Lage erzählt. Es dauerte keine zehn Minuten bis Kai bei uns war. Er hat Kosima den ganzen Weg bis zu seiner Wohnung beinahe getragen und mich gleichzeitig beruhigt. Nachdem er meine Freundin in sein Bett verfrachtet hatte, unterhielten Kai und ich uns ein paar Stunden, bis Kosima wieder ansprechbar war. Um sie wieder aufzupäppeln, besorgte Kai mitten in der Nacht eine Riesenportion Fritten. Diesen Abend werde ich nie vergessen. Kai hat alles für seine Freunde getan, er war einer der hilfsbereitesten und aufopferndsten Menschen, die ich kannte.“*

Beeindruckt war sie auch von Kais fundiertem Wissen auf vielen Gebieten: *„Kai hat mir vieles erzählt, von dem ich nie zuvor gehört hatte. Sein Allgemeinwissen schwebte in für mich unerreichbaren Sphären.“* So hätte Kai ihr über den drohenden Heimatverlust vieler Menschen durch den Anstieg des Meeresspiegels infolge der Erderwärmung zu einer Zeit erzählt, als kaum jemand – und erst recht nicht in so jungem Alter – darüber redete. *„So etwas konnte nur Kai wissen und anderen begeistert und begeisternd erzählen“*, resümiert Sophia.

Kai mit „seinen Mädchen" Kosima (Mitte), Sonja (rechts) und Nuria (links) in Kais Wohnung, der „Sardinenbüchse"

In einer weiteren Episode beschreibt sie Kai als einen Kumpel, mit dem man Pferde stehlen kann: *„Kai und ich waren für einen Nachmittag in Köln im Schokoladenmuseum verabredet. Er holte mich mit seinem schwarzen Fiat Punto ab. (…) Für mich hat er sich sogar bemüht, etwas angepasster Auto zu fahren. Wenn man mit Kai unterwegs war, musste man auf alles gefasst sein. Er war oft auffallend, hat total verrückte Aktionen gerissen. Auch wenn es mir manchmal unangenehm war, so liebte ich seine Unangepasstheit. Der Besuch im Schokoladenmuseum sollte hiervon keine Ausnahme bleiben. Nach einigen netten Rundgängen durch die Ausstellungsräume – und Kai interessierte sich ja tatsächlich für die ganzen Hinweise und Informationen und schien diese in sich aufzusaugen – kamen wir an einer menschenhohen Kakaoboh-*

Im Schokoladenmuseum in Köln. Kais Kniefall vor dem Kakaogott löste allgemeine Heiterkeit unter den Besuchern aus.

*nen-Pyramide an. Eine Hinweistafel, die Kai laut vorlas, klärte über die Bräuche der Azteken rund um die Kakaopflanze auf. Hierbei beteten sie einen bestimmten Gott an, der ihnen diese heilige Pflanze als Geschenk dargebracht haben soll. Zwei Sekunden später fiel Kai vor der Pyramide auf die Knie und betete lauthals den Kakaogott an. Das hat im Museum natürlich für viele schmunzelnde Besuchergesichter gesorgt. Ich selbst musste herzlich lachen und habe diesen Moment sogar mit meiner Handykamera festhalten können. (…) Der Ausflug ins Schokoladenmuseum war eine unserer schönsten und lustigsten Unternehmungen, die Kai und ich zusammen erlebt haben.*

*Ich vermisse Kai, meinen Freund.*"

*

Nach Kais Tod schenkten mir die Mädchen ein Erinnerungsalbum mit Bildern aus ihrer gemeinsamen Zeit mit Kai. Die Fotos sind in der Kölner Zeit und den Jahren danach entstanden, denn die Verbindung ist auch später, als Kai bereits in England gelebt hat, nicht abgebrochen. Immer wenn ich das Album durchblättere, sehe ich Bilder der Freundschaft und der überschäumenden Lebensfreude, die alles, was später passiert ist, unwirklich erscheinen lassen. Es sind lustige, verspielte Bilder – Kai Grimassen schneidend, die Augen hinter einer verspiegelten Sonnenbrille versteckt, Gesicht an Gesicht mit einem schönen Mädchen oder von lachenden Freunden flankiert, in alberner Pose vor wechselnden Kulissen oder in gespielter Trunkenheit am Ende eines geselligen Abends. Ich betrachte den etwas fülligen, aber gutaussehenden Jungen mit den dunklen, nach hinten gekämmten Locken, dem Ansatz eines flaumigen Bärtchens am Kinn, sehe die lachenden Augen und die überwiegend helle Kleidung, und bin mir sicher – und auch froh darüber –, dass er mit seinen Freunden viele Momente des Glücks erlebt hat.

*

Das Engagement, das Kai schon in sehr jungem Alter für die Schwachen und Benachteiligten in seinem Umfeld gezeigt hatte, riss auch später, an der Schwelle zum Erwachsensein nicht ab. So ist mir bekannt, dass Kai sich in seinen Kölner Jahren mit Hingabe um eine Mitschülerin gekümmert hat, die an Depressionen litt, und auch einen epilepsiekranken Jungen betreut hat. Oft wurde sein engagiertes Auftreten belohnt – am Kölner Berufskolleg etwa, indem er zum

Kai und Philipp, Freunde in der Kölner Zeit

Klassensprecher gewählt wurde –, aber mitunter musste er auch Enttäuschungen hinnehmen: Nachdem er im Alter von sechzehn Jahren einer Freundin, der einzigen, die er an unserem Wohnort hatte, in einer Notsituation all sein Geld – 600 Euro – geliehen hatte, wartete er vergeblich darauf, dass sie ihm das Geld zurückzahlte. Er hat es nie zurückerhalten.

Doch die gelegentlichen Rückschläge, die Kai einstecken musste, erschütterten ihn nicht in seiner Überzeugung, dass soziales Engagement gerade für ihn als begabten Menschen eine Mission sei. In einem Videointerview aus jener Zeit erklärt Kai: *„Intelligenz ist sicherlich förderlich für soziale Handlungen, ist aber nicht unbedingt nötig. Dennoch – für einen intelligenten Menschen ist es gewiss einfacher, soziale Probleme zu erkennen und, zum Beispiel durch Kreativität, auch Lösungsvorschläge zu konzipieren. Was sind meine eigenen sozialen Handlungen? Ich bin sehr aktiv als Schülersprecher tätig, oder wenn ich sehe, dass in meinem Umfeld Menschen Probleme haben, dann versuche ich, diese zu beheben und mich für meine Mitmenschen einzusetzen. Sehr wichtig ist, dass man [als Hochbegabter] nicht mit einer Arroganz oder Ignoranz durchs Leben läuft und eingebildet ist, weil man seinen Mitmenschen gegenüber – wodurch auch immer – im Vorteil ist.“*

*

Der einzige Wermutstropfen in Kais selbstbestimmtem Leben in der Kölner Zeit war die Schule. Nicht nur, dass er mit den Mitschülern, bis auf wenige Ausnahmen, nur wenig Berührungspunkte fand; auch das Lernangebot des Berufskollegs entsprach, wie ich schon befürchtet hatte, nicht seinen Erwartungen. Kai hatte sich vorgestellt, gleich von Anfang an an die großen europäischen Wirtschafts- und Rechtsthemen herangeführt zu werden, doch was dann tatsächlich kam, war: wieder nur Schule. Denn auch wenn viele der Fächer, die er belegte, prinzipiell seinen Interessen entsprachen, verzweifelte er erneut am Curriculum. Die meisten Lerninhalte fesselten ihn nicht, mit den Unterrichtszielen konnte er sich nicht identifizieren. So zeigte er im Fremdsprachenunterricht keinerlei Interesse am Erlernen von Vokabeln, war aber mit umso größerer Begeisterung dabei, wenn gelegentlich Themen der politischen oder wirtschaftlichen Landeskunde behandelt wurden. Auch in den anderen Fächern brauchte Kai stets einen „Input“, um überhaupt mitzumachen. Ein Highlight für ihn war ein Ferienpraktikum, das er in einer großen Anwaltskanzlei in Koblenz absolvierte. Dort musste er zwar erfahren, dass Recht keineswegs mit Gerechtigkeit gleichzusetzen ist, doch begeisterten ihn die Arbeitsabläufe, in die er auch schon als Praktikant eingebunden wurde, und was er sah und erlebte, stärkte seine Vorfreude auf das Jurastudium.

Die zwölfte Klasse am Berufskolleg schloss Kai erfolgreich ab und erlangte damit das Fachabitur. Im Abschlussjahr, der dreizehnten Klasse, kurz vor dem Ziel, scheiterte er jedoch. Mein Sohn, der immer nur den Minimalkonsens angestrebt und nie mehr als das Nötigste für die Schule getan hat, hatte sich verkalkuliert: Für die Zulassung zum Abitur fehlten ihm einige wenige Punkte. Die Lehrer beratschlagten noch über seinen Fall, legten ihm dann aber nahe, die Klasse zu wiederholen. Kai lehnte ab und verließ im Februar 2005 die Schule, ohne die allgemeine Hochschulreife zu erlangen.

*

Damit endete Kais Schulzeit. Als wie schlimm, wie bedrückend und wie schwer er selbst diese empfunden hat, weiß ich nicht. Jedenfalls waren es von Höhen und Tiefen geprägte Jahre, die Kai viel abverlangt haben: Sein ganzes Schulleben lang musste er für und teilweise gegen sich kämpfen. Den Mitschülern konnte er Vieles von dem, was ihn beschäftigte, nicht vermitteln, von den meisten Lehrern fühlte er sich entweder nicht verstanden oder ungerecht behandelt. Immer wieder musste er erleben, dass seine besonderen Talente und Begabungen ihm in der Schule nicht weiterhalfen, sondern, im Gegenteil, eher hinderlich waren. *„Nach meiner Erfahrung"*, sagte Kai gegen Ende seiner Schulzeit in einem Interview, *„werden individuelle Begabungen nicht gefördert in der Schule, weder in der Grundschule noch in den weiterführenden Schulen. Ich selbst besuchte vier Grundschulen, in denen ich erlebt habe, dass meine Begabungen entweder ignoriert wurden oder man versucht hatte, sie in ein bestimmtes Raster zu pressen."* Insbesondere bemängelte er auch, dass Kreativität im Schulsystem zu kurz kommt: *„Kreativität wird bei mir in der Oberstufe überhaupt nicht benötigt, gefördert oder verlangt. Falls man versucht, einen anderen Weg einzuschlagen oder Sachen hinterfragt, wird absolut dagegen gearbeitet. Man möchte offensichtlich stupides Reproduzieren fördern."*

Doch nun gehörte die Schule der Vergangenheit an, und Kai stand an der Schwelle eines neuen Lebensabschnitts. Wie dieser ohne das allgemeine Abitur aussehen sollte, war für keinen von uns klar. Niemals hätte ich mir vorstellen können, dass Kai unter diesen Voraussetzungen ein reguläres Hochschulstudium würde antreten können. Aber er schaffte auch das.

## Studienzeit in England

Noch im gleichen Jahr bewarb sich Kai mit seinem Schulzeugnis und einem Motivationsschreiben an mehreren Universitäten in Großbritannien für das Jurastudium. In seinem Motivationsschreiben gab er an, sich für Großbritannien zum einen wegen der dort besseren universitären Infrastruktur, der kürzeren Studiendauer und des zusätzlichen Spracherwerbs entschieden zu haben, zum anderen aber auch, weil ihn die neue Herausforderung reizte.

Im angelsächsischen Raum liegt, anders als in Deutschland, die Entscheidung über die Annahme oder Ablehnung eines Studienbewerbers allein bei der Hochschule. Eine entscheidende Rolle spielt dabei die Persönlichkeit des Studienanwärters. So sind Hochschulen durchaus bereit, Bewerber mit anderen Qualifikationen als der Hochschulreife aufzunehmen, wenn sie davon überzeugt sind, dass diese den Anforderungen des Faches genügen. Und genau darauf setzte Kai: Er hoffte, mit einem überzeugenden Motivationsschreiben und dem ausgezeichneten Praktikumszeugnis, das ihm die Koblenzer Kanzlei ausgestellt hatte, das fehlende Abiturzeugnis wettzumachen. Die Rechnung ging auf: Die University of Central Lancashire in England bot Kai einen Studienplatz an, den er mit Begeisterung annahm. Den für ausländische Bewerber vorgeschriebenen Sprachtest bestand Kai mühelos mit Bestnote – ein Ergebnis, das in krassem Widerspruch zu den als „ausreichend" eingestuften Englischkenntnissen in seinem Schulzeugnis stand.

Dem bevorstehenden Umzug meines Sohnes nach England sah ich mit gemischten Gefühlen entgegen. Natürlich sträubte sich mein Mutterherz dagegen, Kai schon als Achtzehnjährigen ins Ausland ziehen zu lassen, aber dennoch – die Freude darüber, dass Kai es trotz aller Schwierigkeiten und Rückschläge geschafft hatte, seinen Kindheitstraum vom Jurastudium zu verwirklichen, überwog den Abschiedsschmerz bei weitem.

Seinen Umzug nach England organisierte Kai selbst. In Preston, der Stadt, in der sich die Universität befand, mietete er eine kleine Wohnung in einem Anwesen, in dem außer ihm noch andere Studenten untergekommen waren, und im September 2005 startete er sein Studium. Kai begann zunächst ein kombiniertes juristisches und politisches Studium, konzentrierte sich aber im späteren Verlauf ausschließlich auf die juristische Komponente. Sein Studium beinhaltete englisches Zivil- und Strafrecht, britisches Verfassungsrecht und europäisches Recht. Eine Spezialisierung war schon frühzeitig möglich, und Kai orientierte sich in Richtung Europa- und Wirtschaftsrecht. Der Abschluss mit dem Erwerb des akademischen Titels LL.B, Bachelor of Laws, war für Juni 2008 geplant.

Dass es dazu niemals gekommen ist, erscheint mir auch heute noch unwirklich – denn von dem Augenblick an, da Kai die Schule hinter sich gelassen hatte und das lang ersehnte Jurastudium aufnehmen konnte, wurde alles, aber auch alles in seinem Leben besser.

In England fühlte sich Kai angekommen und auch angenommen.

Die liberale Denk- und Lebensweise der Briten sagten ihm zu, denn das Freiheitliche entsprach auch seinem eigenen Naturell. *„Ich glaube, dass er sich aus diesem Grunde in England so wohlfühlte"*, meint rückblickend Kais Weggefährtin Kosima, die auch in Preston studiert hatte. *„Mir ging es da ähnlich – wir liebten die internationale Offenheit, die verschiedenen Kulturen und die vorherrschende Toleranz."* Endlich, endlich fand Kai die Freiheit, die er so lange vergeblich gesucht hatte. Endlich konnte er genau das tun, was er schon so lange tun wollte. Es war fast, als würde der Spruch, mit dem wir ihn bei seiner Geburt begrüßt hatten

Kai im Alter von 21 Jahren in England

*Mich weckt der Ruf der Zeit*
*Licht strömt um mich*
*Gefühl erinnert sich*
*Und stolz und frei dem Ich geweiht*
*Bin ich der Welt der Menschen eingeboren –,*

erst jetzt wahr. In seiner England-Zeit hörten wir zum ersten Mal von Kai den Satz: „Ich bin zufrieden mit meinem Leben und glücklich." Und es war das Schönste und das Beruhigendste, was wir jemals von ihm gehört haben. Allerdings hatte er auch allen Grund, zufrieden mit seinem Leben zu sein – denn Erfolg reihte sich an Erfolg, im Studium, beim Ferienjob, im Praktikum, überall wurde er mit Anerkennung und Lob überschüttet.

Eines der Praktika, die Kai im Rahmen seines Studiums absolvierte, führte ihn nach London, zum Konzern British American Tobacco. Die Zeit in der britischen Hauptstadt war noch einmal auf- und anregender für ihn, und er erlebte dort einen Sommermonat geprägt von beruflichem Erfolg und privatem Wohlgefühl. Mit welchem Wohlwollen seine Fähigkeiten und seine Leistung bei British American Tobacco aufgenommen wurden, belegt das Zeugnis, das ihm dort ausgestellt wurde. Ich füge es an dieser Stelle in der deutschen Übersetzung ein:

British American Tobacco

An die zuständige Abteilung

Hiermit bestätigen wir, dass Herr Kai Thieroff, der zur Zeit Jura an der University of Central Lancashire studiert, vom 27. Juli 2007 bis zum 31. August 2007 ein Praktikum bei British American Tobacco absolviert hat.

Während dieses Zeitraums berichtete er mir und gab Rechtsberatung in Bezug auf:

- Völkerrecht
- internationale Einrichtungen wie beispielsweise die WHO, ISO und die OECD
- Europäisches Gemeinschaftsrecht
- Konsultationsverfahren in der Europäischen Gemeinschaft
- nationale Gesetze verschiedener EU-Mitgliedsstaaten
- Einzelthemen wie Schutz von Geschäftsgeheimnissen und Produktsicherheitsgesetze

Die Qualität der Arbeit von Herrn Thieroff war hervorragend und er erledigte jeden einzelnen Arbeitsauftrag zu unserer vollsten Zufriedenheit.

Er integrierte sich schnell in unser Team und beeindruckte uns mit seiner Lernbereitschaft, seinen analytischen Fähigkeiten und der Geschwindigkeit, mit der er die häufig sehr komplexen Aufgaben zum Abschluss brachte. Seine fundierten Kenntnisse auf dem Gebiet der Informationstechnologie und Ressourcen waren äußerst hilfreich wenn es darum ging, Informationen zu finden und zu präsentieren.

Wir haben vor, Herrn Thieroff nächstes Jahr zu einem weiteren Praktikum einzuladen und wir würden jemandem mit seinen Qualifikationen jederzeit eine Vollzeitbeschäftigung anbieten, sofern sich diese Gelegenheit in der Zukunft bieten sollte.

Wie ernst diese Stellungnahme gemeint war, erfuhren wir, als Kais Praktikumsbetreuer eigens aus London angereist kam, um bei der Trauerfeier, die wir für unseren Sohn ausgerichtet haben, an der Seite von Familie, Freunden und Bekannten – darunter auch viele Studienkollegen und Freunde aus England – Abschied von Kai zu nehmen. Unter die Trauergäste reihte sich auch der Chef der in Epsom südlich von London ansässigen Firma PRo Publications International Ltd, bei der Kai in den Semesterferien einen Ferienjob verrichtet hatte. Der Firmenleiter war mit zwei Mitarbeiterinnen, ehemaligen Kolleginnen von Kai, angereist, um unserem Sohn die letzte Ehre zu erweisen. Auch er war damals, während Kais Ferieneinsatzes bei Pro Publications, voll des Lobes für ihn gewesen. Er schätzte ihn als absolut zuverlässigen, gewissenhaften und fleißigen Mitarbeiter, der professionell und selbstständig arbeitete. Auch Kais Kontaktfreudigkeit und seine Fähigkeit, in der englischen Sprache auf hohem Niveau Konversation zu betreiben, hob er würdigend hervor.

*

Über Kais private Unternehmungen in England ist mir nicht viel bekannt. Er war schließlich erwachsen und lebte sein eigenes Leben Hunderte von Kilometern von uns entfernt. Aus seinen Erzählungen weiß ich jedoch, dass er ein Leben unter Freunden geführt hat. Da war vor allem Kosima, eine seiner frühesten Freundinnen, die auch in der England-Zeit mit ihm durch Dick und Dünn gegangen war. Kosima erinnert sich:

*„Als wir zusammen in England studierten, war Kai eine wichtige Stütze und bester Freund für mich. Hier hatten wir die intensivste Zeit unserer Freundschaft und lernten uns besonders gut kennen. Als ich mich von meinem damaligen Freund in einem großen Drama und unter vielen Tränen trennte, schaffte Kai es, dass ich diese schwierigen Wochen irgendwie gut überstanden habe. Fast jeden Tag dachte er sich etwas aus, um mich aufzuheitern. Wir fuhren ins Shoppingcenter, kochten unser Lieblingsgericht zusammen, waren im Musical in Manchester oder er lud mich in eine schöne Bar ein. Er war einmalig zu mir und so etwas habe ich seitdem nicht wieder erlebt. Für seine Freunde machte Kai alles möglich. Wir hatten trotz allem immer etwas zu lachen, haben zum Beispiel verrückte Videos gedreht – etwa wie ich nach drei Gläsern Wein meinen Lieblingssong unglaublich schief performte oder ich sein Bad putzte und mich dabei über die unzähligen Parfüms belustigte."*

Immer etwas zu lachen haben – das hätte in jener Zeit Kais Lebensmotto sein können. Man erzählte mir, dass Kai in England gerade auch durch seinen ausgeprägten Sinn für Humor geschätzt wurde. Für Heiterkeit sorgte er im Freundes- und Bekanntenkreis etwa durch sein Talent, Dialekte – englische wie deutsche – nachzuahmen. Mit entsprechenden „Showeinlagen", die er gerne auch schauspielerisch aufpeppte, konnte er sich in geselligen Runden stets großer Lacher sicher sein.

Was weiß ich noch über Kais Aktivitäten in jener Zeit? Ich erinnere mich, dass er die Semesterferien gern zum Reisen nutzte. Einmal unternahm mein Mann mit ihm eine Urlaubsreise nach New York, eine weitere Reise führte ihn nach Mexiko. Auch durch seine internationalen Kontakte war Kai in jenen Jahren viel unterwegs. Des Öfteren ist er nach Deutschland gekommen, um seine Kölner Freunde zu besuchen, und mehrmals flog er zu Freunden nach Wien. Mit Freude und Erleichterung registrierte ich, dass Kai offensichtlich ein völlig normales Studentenleben führte.

Für seine Freunde hatte Kai, wie es auch Kosimas Aussage zeigt, immer ein offenes Ohr und er unterstützte sie nach Kräften. Diese Hilfs- und Einsatzbereitschaft galt allerdings nicht nur Freunden und Bekannten, sondern mitunter auch Wildfremden, wie eine anrührende Geschichte zeigt, die sich ungefähr ein Jahr vor Kais Tod in England ereignete. Ich möchte sie nun so wiedergeben, wie mein Mann sie aus traurigem Anlass – seiner Ansprache bei der Trauerfeier für Kai – niedergeschrieben hat:

*„Kai sitzt irgendwo in England in einem McDonald's-Restaurant und mampft einen Hamburger. Da beobachtet er, wie ein uralter, aber blitzblank geputzter Morris auf dem Parkplatz hält. Dem Auto entsteigt ein alter Herr, gekleidet in einen vor langer Zeit einmal elegant gewesenen, jetzt ziemlich abgetragenen Anzug, mit Hut und Handschuhen. Der Herr umrundet das Auto und öffnet die Beifahrertür einer ebenso alten Dame, die ein Kleid trägt, welches ebenfalls vor langer Zeit einmal sehr elegant war, sein Alter aber nicht verbergen kann. In aristokratischer Haltung schreiten die beiden alten Leutchen in das McDonald's-Res-*

*taurant, wählen einen Tisch, der alte Herr rückt seiner Begleiterin den Stuhl zurück, sie setzt sich, und er nimmt ebenfalls Platz. Offensichtlich warten sie nun darauf, dass eine Bedienung kommt, um sie nach ihren Wünschen zu fragen.*

*Wie hätten wir auf diese Szene reagiert? Viele von uns hätten das alles vielleicht gar nicht oder nur halb mitbekommen, viel zu beschäftigt damit, unseren Hamburger zu essen. Einige von uns hätten vielleicht innerlich den Kopf geschüttelt, dass diese zwei Alten offenbar nicht wussten, dass McDonald's ein Selbstbedienungsladen ist. Manche von uns hätten vielleicht nach einiger Zeit Erbarmen mit den Alten gehabt, hätten sich nach einigem Zögern ein Herz gefasst und wären zu ihnen gegangen, um ihnen zu sagen, dass man sich hier sein Essen selbst holen muss. Aber ganz sicher hätte niemand von uns das getan, was Kai getan hat.*

*Kai wartet nicht, bis die alten Leutchen ihn an seinem Tisch sitzen sehen, sondern er steht nach einem kurzen Moment auf, geht zu ihrem Tisch, nimmt die Haltung eines Kellners an, und fragt die Herrschaften nach ihren Wünschen. Was er denn empfehlen könne, fragen sie zurück. Kai macht sofort einen Vorschlag, empfiehlt etwas, von dem er meint, dass es das Richtige für die beiden sein könnte. Die beiden bestellen es. Kai geht zum Tresen, holt das gewünschte Essen, bezahlt es, und bringt es den alten Leutchen an den Tisch. Während er das Essen zum Tisch trägt, überlegt er schnell, wie er begründen kann, dass er sofort abkassieren muss, ohne dass es den beiden peinlich wird. Ich habe leider vergessen, wie er das gemacht hat, aber ich weiß noch, dass ihm irgendwas Überzeugendes eingefallen ist. Also serviert er den Alten das Bestellte und erklärt ihnen, dass und warum er zu seinem Bedauern um sofortige Bezahlung bitten muss. Was es denn koste? Kai nennt ihnen*

*den Preis. Der alte Herr kramt in seinem Portemonnaie und muss feststellen, dass er so viel Geld leider nicht dabei hat. Auch die alte Dame kann kein Geld beisteuern. ‚Macht nichts', sagt Kai, ‚dann erhalten Sie das Essen heute für den Preis, den Sie zahlen können'. Er nimmt das Geld und bedankt sich artig, die alten Leutchen bedanken sich für die gute Bedienung und den Preisnachlass, und Kai kehrt zurück zu seinem Hamburger und beendet seine Mahlzeit.*

*Und warum hat er das getan? Weil er die beiden Alten so rührend, so ‚süüüß' fand, wie er es ausgedrückt hat, weil dieses Bild, das uralte blankgeputzte Auto, die Alten, die sich extra ausgehfein gemacht hatten, und das Deplatzierte des McDonald's-Besuchs ihn zutiefst gerührt haben. Er hätte es natürlich nie so ausgedrückt und es mit Sicherheit bestritten, aber ich glaube, er hat so etwas wie Liebe zu den beiden Alten empfunden."*

*

Doch dann geschah etwas, womit niemand – am allerwenigsten Kai selbst, wie wir später erfuhren – gerechnet hat: Kai, der sonst nie die Kontrolle über sich verlor, der die Welt immer durch das Prisma der Vernunft betrachtete, hatte sich verliebt. Dass es in seinem Leben eine Frau gab, für die er mehr als nur Freundschaft und Zuneigung empfand, erfuhr ich im Spätherbst 2007, als Kai ankündigte, uns eine Freundin vorstellen zu wollen. Er hätte sie bei einem Besuch in Köln kennengelernt. Sie sei ebenfalls hochbegabt, und mit ihr könne er, zum ersten Mal überhaupt, richtig gute Gespräche führen, Gespräche auf Augenhöhe. Ein einziges Mal habe ich die beiden zusammen gesehen, in einem Restaurant, in das wir sie eingeladen hatten.

Ich weiß noch, wie rührend Kai die junge Frau, die an dem Abend etwas Kopfschmerzen hatte, umsorgte, ihr jeden Wunsch von den Augen las. Da wusste ich, dass Kai sich verliebt hatte. Keineswegs klar war mir jedoch, mit welcher Intensität der Gefühlssturm in ihm tobte.

Das erfuhren wir erst nach seinem Tod, aus einem Brief, den er kurz nach Weihnachten an die Geliebte geschrieben hat und den wir in seiner Wohnung in Preston gefunden haben. Kai hatte mit uns nicht viel über seine Auserwählte gesprochen. Erst durch diesen Brief verstanden wir, wie überaus heftig Kai verliebt war, auf eine Weise, die er nicht nur nicht kannte, sondern von der er sicher war, dass es sie nicht geben könnte. In dem Brief versuchte er der jungen Frau – und sich selbst – zu erklären, was geschehen war:

*„Ich habe verliebte Menschen nie verstanden, vor allem Männer [nicht]. Habe das immer als übertrieben irrationales, emotionales Geschwätz abgetan und habe tatsächlich angenommen, man könne sich ab einer bestimmten Intelligenz nicht mehr verlieben, da einem die vollständige Substituierbarkeit [also Ersetzbarkeit der geliebten Person] doch bewusst sein würde. Ich habe das aber auch nur so gesehen, weil ich mir, zumindest theoretisch, bei jedem Menschen auf der Welt (…) vorstellen könnte, ihn zu ersetzen. Bis ich auf dich traf!“*

Und Kai, mein empfindsamer Sohn, der nie, und erst recht nicht auf der Gefühlsebene, halbe Sachen machte, stellte durch die neue Erfahrung des Verliebtseins alles bisher Gewesene infrage:

*„Ich habe mein Leben bisher recht glücklich und zufrieden verbracht. Und mit einem Schlag ist da ein Mädchen in meinem Leben, das alles auf den Kopf stellt und mir wird plötzlich klar, dass ich in einer Illusion von Glück lebte. (…) ich war (…), über meine gesamte Leb[ens]zeit,*

*nie so vollständig zufrieden und froh zu leben, wie wenn du in meinen Armen liegst.*"

Schmerzlich musste Kai erfahren, dass dieses neu gefundene Glück auch eine große Gefahr barg, nämlich den Verlust der Selbstbestimmung. Sein bisheriges Leben hatte Kai, weitgehend von klein auf, selbst bestimmt. Schon als Kind hatte er selbst entschieden, wer zu seinen Freunden gehörte und wer nicht, und auch später hatte er selbst sich für die Schule in Köln, für das Jurastudium und für England entschieden. Spätestens seit Ende der Schulzeit hat er sein Leben ganz und gar selbst gestaltet – und nun hatte er das nicht mehr in der Hand. Er verstand, dass zu seiner neuen Gefühlswelt auch die Abhängigkeit gehörte – die Abhängigkeit von der Zuneigung des geliebten Wesens. So schrieb er in jenem Brief:

„*Mit diesem wundervollen Geschenk, das du mir gemacht hast, geht nun halt leider auch ein Leidensweg einher, von dem ich hoffe, dass er sich, bevor er mich in die Hölle schickt, in einen Himmelspfad wandelt und wir zusammenkommen um zusammen glücklich zu sein.*"

Der Brief endet mit den Worten:

„*... flehe dich an, uns eine Chance zu geben.*"

Kais Flehen ist aber nicht erhört worden, die Chance wurde nicht gegeben. Der Leidensweg hat sich nicht in einen Himmelspfad gewandelt, sondern er endete tatsächlich in der Hölle – einer Hölle der Seelenqualen, aus der sich Kai mit einem unerwarteten Paukenschlag selbst befreite.

## Die bewusste Entscheidung

Das Unheil ereilte uns aus heiterem Himmel, in einer Zeit, in der wir am wenigsten damit gerechnet haben. Einer Zeit, in der wir die Schwermut der ausklingenden Grundschulzeit und die Verzagtheit, die sich in der neunten Klasse Kai bemächtigt hatte, überwunden glaubten. Kai erschien uns gefestigt und ausgeglichen wie noch nie in seinem Leben, und er hegte große Pläne: In nur wenigen Wochen, gleich nach dem Erwerb des Bachelor-Abschlusses, wollte er ein Praktikum bei der deutschen Botschaft in Bangkok antreten. Für die Zeit danach plante er ein Masterstudium sowie eine Weiterbildung in amerikanischem Recht, um schließlich nach London oder New York zu gehen. Einer glänzenden juristischen Karriere schien nichts mehr im Weg zu stehen.

Die Vorahnung der auf uns zurollenden Katastrophe beschlich mich an einem warmen, sonnigen Nachmittag Anfang Mai 2008. Über mehrere Stunden hatte ich versucht, Kai telefonisch zu erreichen, doch vergeblich – er ging nicht an sein Handy. Als Mutter eines erwachsenen Sohnes wusste ich, dass das allein noch kein Grund zur Sorge sein sollte, aber dennoch, meine Unruhe verstärkte sich mit jeder weiteren Stunde, die Kai unerreichbar blieb, und mich beschlichen düstere Gedanken. In den zweieinhalb Jahren, die Kai nun schon in England lebte, telefonierten wir täglich miteinander, und noch nie war es vorgekommen, dass er auf mein Anklopfen so lange geschwiegen hätte.

Meine Vorahnung, dass etwas passiert war, bestätigte sich, als am nächsten Tag die Polizei anrief. Man habe einen schwarzen Fiat Punto, zugelassen auf den Namen meines Mannes, verlassen aufgefunden, abgestellt an der schottischen Meeresküste. Der Schlüssel steckte noch im Zündschloss, im Wageninneren lag eine leere Schnapsflasche. Über mir brach die Welt zusammen. Denn auch wenn im Prinzip mehrere Szenarien möglich waren – Kai war in seinem Schmerz untergetaucht oder er war verunglückt – wusste ich es: Kai hatte sich etwas angetan. Der Alkohol war ihm dabei ein gnädiger Verbündeter, denn er verschleierte ihm den Verstand und machte die Vollendung seines Plans erst möglich.

Ich spürte Panik in mir aufsteigen, und als diese abebbte, kam der Schmerz. Ein Schmerz, der ins Unermessliche wuchs, als wir von der Polizei die Nachricht erhielten, man hätte in Kais Wohnung einen an uns Eltern gerichteten Brief gefunden. Auf einem Computerausdruck, handschriftlich unterschrieben, teilte uns Kai seinen Abschied mit:

*Liebe Eltern,*
*Ihr werdet jetzt am Boden sein und nicht verstehen warum ich es getan habe. Ich will es auch gar nicht rechtfertigen oder mich entschuldigen, denn es ist unentschuldbar. Ich will Euch nur wissen lassen, dass ich Euch über alles liebe und Ihr das wart, was mich über Jahre hinweg von diesem Schritt abgehalten hat. Ich kann jetzt aber nicht mehr damit*

*weiter machen nur für andere am Leben zu bleiben wenn ich selbst doch im Ganzen keinen Sinn in einer Fortführung meines Lebens sehe. Ich möchte hier nicht auf meine Motivation eingehen, nur so viel sei gesagt: Die Welt ist für mich nicht lebenswert wenn es eine schmerzlose Alternative gibt und die gibt es nun mal. Also ich liebe Euch. Bitte versucht meinen Schritt zu verkraften.*

*Euer Kai*

Es folgten drei lange Wochen zwischen Hoffen und Bangen. Vielleicht hatte Kai seinen Plan doch nicht verwirklicht, vielleicht war er an einem uns unbekannten Ort untergetaucht und würde uns in wenigen Tagen gesund und munter, geheilt von seiner Gefühlsverwirrung, entgegentreten. Am schlimmsten war die Ungewissheit, aber es half nichts, wir mussten weiter abwarten.

Unterdessen lief in England und Schottland die Suche nach ihm auf Hochtouren. Im Küstenbereich, wo man Kais Auto gefunden hatte, wurde eine Land- und Wassersuche gestartet, an der die Küstenwache und ein Rettungshelikopter beteiligt waren. Doch Kai blieb spurlos verschwunden. Die Prestoner Polizei ersuchte in einem dringenden Appell die Universitätsstudenten der Stadt um Mithilfe bei der Suche nach Kai. Wer über Informationen zu seinem Verbleib oder auch nur zu seinen Plänen verfügte, sollte sich der Bitte entsprechend an die Polizei in Preston wenden. Die Sorge sei groß, denn Kais Verschwinden stünde im Widerspruch zu seinem Charakter und seine Familie in Deutschland sei extrem besorgt, teilte die Polizei der Presse mit. Aber niemand konnte helfen, und auch die von Kais Freunden im Internet geschalteten Vermisstenanzeigen blieben unbeantwortet.

Das Fünkchen Hoffnung, das wir in uns nährten, zerstob an einem der letzten Tage im Mai. Ein Anruf der Polizei brachte uns die traurige Gewissheit. Kais Leichnam sei an der Kyle of Tongue, einer Meeresbucht im höchsten Norden der Schottischen Highlands, angeschwemmt worden. An seinem leblosen Körper hing ein Rucksack, der mit Hanteln beschwert war.

Mein Sohn, der nie halbe Sachen gemacht hat, wollte wohl, auch als er ins Wasser ging, nichts dem Zufall überlassen.

*

Tiefe Dunkelheit senkte sich über mich und hielt mich wochen- und monatelang gefangen. Wenn die Ungewissheit über Kais Verbleib schlimm war, so war die Gewissheit seines Todes noch tausend Mal schlimmer. Kai war mein einziges Kind gewesen, mein Verlust als Mutter hundertprozentig.

Wie durch einen Schleier sah ich die Welt um mich: Die Polizisten, die durch unsere Wohnung gingen, um aus Kais Zahnbürste und Haarbürste DNA-Proben für die Identitätsfeststellung zu sammeln. Dann unsere Fahrt mit Freunden von Kai nach Preston, um Kais Wohnung aufzulösen. Und schließlich in Kais Wohnung der Fund des Briefes an die junge Frau, die er geliebt hat, des Briefes, der endlich Hinweis auf Kais Motivation für die Tat gab. Und dazu immer wieder die Anrufe der Polizei mit immer neuen Details und später die Anrufe des Krematoriums – es war, als würde Kai immer wieder aufs Neue sterben. Das, was wir uns jedoch am sehnlichsten wünschten, nämlich, uns von unserem Kind im Stillen zu verabschieden, war in der Rastlosigkeit jener Tage nicht möglich. Erst mit der würdevollen

Trauerfeier, die wir Wochen nach Kais Tod in größerem Rahmen abhielten, und später der Urnenbeisetzung im engsten Familien- und Freundeskreis kehrte die ersehnte Ruhe in unsere Gedanken ein, und wir konnten von unserem Sohn Abschied nehmen.

*

Ich wünschte, Kai hätte die Gründe für seinen fatalen Entschluss deutlicher erklärt, aber dem war nicht so. Stattdessen tauchte in seinem Abschiedsbrief wieder das Leitmotiv seiner früheren Krisenzeiten auf: die Sinnlosigkeit, die er immer wieder verspürte und die an seiner Lebenskraft zehrte. Sie hatte sich nun erneut Bahn gebrochen und ihn endgültig in die Knie gezwungen.

Heute bin ich überzeugt davon, dass Kais letzte, verhängnisvolle Krise durch die Liebeserfahrung, durch die heftigen Gefühle, die offensichtlich unerwidert geblieben sind, ausgelöst wurde. Aber das allein war es vermutlich nicht. Die Emotionen, die in ihm tobten, schwemmten noch etwas anderes, etwas ebenso Fatales an die Oberfläche seines Bewusstsein: den Weltschmerz, an dem er latent schon immer gelitten hat, und dem er nun schutzlos ausgeliefert war.

Wie Kai mit diesem Schmerz in seinem Alltag umgegangen ist und wie er die Schlechtigkeit der Welt überhaupt ausgehalten hat, teilte er auf seinem Facebook-Profil mit: *Der Zynismus ist meine Rüstung, der Sarkasmus mein Schwert und die Ironie mein Schild*, lautet eines seiner dort von ihm eingestellten Lieblingszitate. Ich erinnere mich noch, wie freudig erregt er war, als er diesen Satz, mit dem er sich so gut identifizieren konnte, entdeckt hat. Und es stimmte tatsächlich: Mit Zynismus, Sarkasmus und Ironie hat er sich gewappnet und fühlte sich auch gewappnet gegen all das Negative, das er in der Welt sah und erlebte. Doch nun, da sein Weltbild durch den Gefühlssturm, der sich seiner bemächtigt hatte, ins Wanken geraten war, versagte diese Strategie: Die Rüstung Zynismus war durchlöchert, das Schwert Sarkasmus war stumpf geworden, das Schild Ironie war zerbrochen. Die letzte Internetseite, die Kai auf seinem Computer aufgerufen hat, war eine Seite des Österreichischen Fernsehens, auf der von einem Mann berichtet wurde, der seine eigene Tochter ein Vierteljahrhundert lang in einem Kellerloch gefangen gehalten und ebenso lang immer wieder vergewaltigt hat, und in dieser Zeit sechs Kinder mit ihr zeugte. Auch das, glaube ich, konnte Kai nicht mehr ertragen. Der eigene, persönlich erlittene Schmerz vermengte sich mit dem neu aufbrandenden Schmerz um den Zustand der Welt und zwang ihn zum Handeln.

Was mir bis heute Halt und Trost gibt, ist die Tatsache, dass Kai sich aus freiem Willen und bewusst entschieden hat, diese Welt hinter sich zu lassen. *In dubio pro libertate* – im Zweifel für die Freiheit – war ein weiteres Motto auf seiner Facebook-Seite. Und Freiheit hieß für ihn auch Freiheit der Entscheidung, Wahlfreiheit, und er hat frei gewählt, nämlich den Frei-Tod, die „schmerzlose Alternative". Damit hat er die Entscheidungsfreiheit, die er im Taumel der Liebe für einen Augenblick verloren hatte, wiedererlangt, und er hat *stolz und frei dem Ich geweiht* diese Welt verlassen.

*

Nach Kais Tod erreichten uns zahlreiche Beileidsbekundungen, die ich in jener schweren Zeit als echte Hilfe und Stütze empfand. Es war überwältigend zu erfahren, wie viele Menschen, sogar Unbekannte, unseren Schmerz teilten und uns ihre Unterstützung anboten. Anfang Juni 2008, nur wenige Tage nachdem sich die Todesvermutung bestätigt hatte, erhielten wir von der Rechtshochschule in Preston ein sehr persönliches Beileidsschreiben, in dem eine Dozentin und Mitglied des Präsidiums im Namen des gesamten Kollegiums und aller Studierenden der *Law School* Kais Persönlichkeit würdigte und uns in warmen Worten ihr tiefes Mitgefühl für unseren schweren Verlust aussprach. Als Dokument der breiten Anteilnahme, die uns nach Kais Tod zuteil wurde, füge ich auch dieses Schreiben in der deutschen Übersetzung ein:

*4. Juni 2008*

*Sehr geehrte Frau Thieroff, sehr geehrter Herr Dr. Thieroff,*

*im Namen aller hier an der Law School möchte ich Ihnen mitteilen wie unendlich leid es uns tut, was wir diese Woche über die tragischen Umstände um Kai erfahren haben.*

*Die tiefe Traurigkeit und der Schock über diese Nachricht lassen sich nicht angemessen in Worte fassen. Unsere Gedanken und unser Mitgefühl sind in dieser schrecklichen Zeit mit Ihnen, mit Kais erweiterter Familie und seinen Freunden. Die verheerenden Qualen, die Sie durchleben müssen, können wir nur erahnen.*

*Ich bin mir sicher, dass es nichts gibt, was Ihren Schmerz zurzeit verringern könnte, jedoch hoffe ich, dass Sie mit der Zeit in der Lage sein werden Trost aus dem Wissen zu schöpfen, dass Kai von allen, die ihn kannten, überaus geschätzt wurde. Alle seine Tutoren beschrieben ihn als einen herausragenden Studenten, manchmal als den Besten in einem Fach, der sich mit Leib und Seele seinem Studium widmete. Er war ein überaus sympathischer und selbstbewusster junger Mann, der alle beeindruckte, die ihn kannten. Er war höflich, rücksichtsvoll und reif. Seine Kommilitonen sahen in ihm etwas wie einen natürlichen Führer, einen Musterstudenten, der solch eine vielversprechende Zukunft zu haben schien.*

*In den Gesprächen der Kollegiumsmitglieder mit der Polizei, bei denen ich auch zugegen war, zeigte sich, dass jeder Tutor spontan das gleiche Bild von Kai zeichnete. Es waren begeisterte Berichte über seine Leistungen und seine Einstellung, ein intelligenter und beliebter Student, der hohe Maßstäbe setzte und diese aufrechterhielt. Seine Freunde sprachen mit größter Hochachtung und Zuneigung von Kai. Es herrschte Ungläubigkeit darüber, dass etwas passiert sein könnte und gleichzeitig Hoffnung, dass er gesund und munter wiedergefunden werden würde.*

*Das Kollegium und die Studenten finden es so schwer zu begreifen, was passiert ist. Dies muss so hoffnungslos für Sie sein. Bitte schöpfen Sie Stärke aus dem Wissen, dass Kai in allem, was er in seinem Leben an der Universität geleistet hat, ein junger Mann war, auf den Sie ungemein stolz sein können. Was immer auch in den letzten Augenblicken seines Lebens passierte, er war ein außergewöhnlicher Mensch, der in seinem kurzen Leben viel bewirkt hat und an den wir uns hier an der Law School alle mit großer Verbundenheit und Zuneigung erinnern werden.*

*Es tut mir so unendlich leid.*

*

Am Ende meiner Aufzeichnungen möchte ich den renommierten Begabungsforscher Prof. Franz J. Mönks zu Wort kommen lassen. Prof. Mönks, der in seiner aktiven Zeit an der Universität Nijmegen in den Niederlanden tätig war und als einer der Väter der europäischen Begabungsforschung gilt, habe ich in der Aufbauphase meines Kinder-College kennen- und schätzen gelernt. Seit jener Anfangszeit meiner Tätigkeit auf dem Gebiet der Begabtenförderung steht er mir mit Rat und Tat zur Seite. An den Nachmittagen und Abenden, an denen wir über das Kinder-College beratschlagten, war Kai oft zugegen, sodass Prof. Mönks ausreichend Gelegenheit hatte, mit Kai zu sprechen, ihn zu beobachten und ihn als Person kennenzulernen. Er schreibt über Kai:

*Kai zeigte von Anfang an großes Interesse für alles, was um ihn vorging. Die Spannweite seiner Interessen, die er bereits im Babyalter zum Ausdruck brachte, war ungewöhnlich. Mit vier Jahren konnte er bereits lesen, und beim Schuleintritt im Alter von fünf Jahren machte er selbst vor schwierigen Texten keinen Halt mehr. Nicht nur seine Lesekompetenz, sondern auch die sprachliche Ausdrucksfähigkeit ging weit über das Niveau seiner kindlichen Altersgenossen hinaus. Intellektuell hatte er Gleichaltrigen gegenüber einen großen Entwicklungsvorsprung. Neugier und Lernbegierde bestimmten sein Verhalten.*

*Mit Schuleintritt begann für diesen aufgeweckten und kognitiv umtriebigen Jungen ein Leidensweg. Langeweile zersetzte und zerstörte seinen überwachen Geist. Die Lernmotivation nahm rapide ab. Und als er mit vierzehn Jahren die Schule verließ, hatte seine Benotung einen Tiefststand erreicht. Aus heutiger Sicht kann gesagt werden, dass die Lehrerschaft völlig überfordert war. Ein solch neugieriges und wis-*

*sensdurstiges Kind entsprach absolut nicht dem Mittelmaß, für das Lehrkräfte gewöhnlich ausgebildet werden. Zutreffend ist hier die Beobachtung von Hermann Hesse, wenn er in seiner Erzählung* Unterm Rad *(1906) feststellt: „Ein Schulmeister hat lieber einige Esel als ein Genie in der Klasse".*

*Kai war ein kluger und selbständiger Denker, im Umgang immer liebenswert und zuvorkommend. Er war feinfühlig und hoch sensitiv. Diese hohe Sensitivität ist nach Dabrowski ein grundlegendes Merkmal der positiven Desintegration und damit die treibende Kraft für die individuelle Entwicklung eines Menschen. Gerade bei hochbegabten Menschen ist eine hohe Sensitivität von erstrangiger Bedeutung, denn dadurch erleben sie in verstärktem Maße innere Konflikte zwischen „dem, was ist" und „dem, was sein soll". Ein positives Verarbeiten dieses von emotionaler Sensitivität getragenen Konfliktes eröffnet nach Dabrowski den Weg zur höchsten Stufe der Persönlichkeitsentwicklung.*

*Kai ging als hochbegabter und hochsensitiver Mensch in konsequenter Weise seinen Weg.*

*

Kai ist in der Tat geradlinig seinen Weg gegangen, bis zur letzten, für ihn einzig logischen Konsequenz. Auch wenn er uns dadurch verlassen, uns allein gelassen hat, mit einer Leere im Herzen, die nie zu füllen sein wird, habe ich es gelernt, seine Entscheidung zu akzeptieren. Ich bin dankbar für die vielen schönen und besonderen Momente, die wir mit ihm hatten, und kann heute aufrichtigen Herzens sagen, dass ich meinen Frieden mit der Situation geschlossen habe.

# Epilog

Nach Kais Suizid habe ich mich lange Zeit immer wieder gefragt, welche Schuld mich als Mutter – oder generell uns als Familie – daran trifft, dass unser Sohn sein Leben nicht als ausreichend lebenswert empfunden hat. Was hätten wir, Kai begleitend, anders, besser machen können? Auf diese Frage habe ich in all den Jahren, die seither vergangen sind, keine Antwort gefunden. Ich bin immer noch der Meinung, dass wir für Kai alles getan haben, was in unserer Macht stand. Das hat aber offensichtlich nicht gereicht. Die Aufgabe war für uns als Familie zu groß, um sie im Alleingang zu bewältigen.

Ich frage mich manchmal, ob Kai sich anders entschieden hätte, wenn er emotional gefestigter gewesen wäre, wenn er in seinem Leben – und insbesondere auch in seiner Schullaufbahn – nicht so viele Rückschläge erlitten hätte. Ich erinnere mich an Kais sonniges Gemüt in der Zeit des Kinderclubs und an seine Ausgeglichenheit in der Studienzeit in England und bin überzeugt davon, dass es in diesen Lebensphasen das Umfeld war – ein Umfeld des Respekts, der Akzeptanz und des selbstbestimmten Handelns –, das ihn aufblühen ließ. Genau daran jedoch mangelte es in seinen Schuljahren über weite Strecken, und dieses Gefühl, als Person nicht angenommen zu sein, zehrte an seiner Selbstachtung und steigerte seine ohnehin ausgeprägte Verletzlichkeit.

Heute denke ich, dass es nur durch eine gesamtgesellschaftliche Anstrengung gelingen kann, Kindern wie Kai eine echte Chance zu geben. Dazu gehört vor allem auch, Vorurteile gegenüber hochbegabten Kindern und Jugendlichen abzubauen. Ich hoffe, dass es mir mit Kais Geschichte gelungen ist zu zeigen, dass begabte junge Menschen keineswegs die sozial inkompetenten Überflieger sind, für die sie oft gehalten werden. Dass sie, wenn sie sich in der Schule von ihren Mitschülern und Lehrern abgrenzen, dies in der Regel nicht aus Überheblichkeit tun, sondern weil sie sich unverstanden oder ungerecht behandelt fühlen. Dass für viele von ihnen, trotz der hohen Intelligenzleistung, eine erfolgreiche Schullaufbahn keineswegs vorgezeichnet ist, sondern vielmehr der Schulabschluss unter äußerster Kraftaufbietung ihrer Familien erkämpft werden muss. Denn diese Kinder empfinden den Zwang, sich intellektuell an ihr Umfeld anzupassen und ihre sprudelnde Kreativität zu drosseln, als so quälend, dass sie sich – aus purem Selbstschutz – in ihr „Schneckenhaus“ zurückziehen und die Schule verweigern. Gesellschaft und Politik sind gefragt, auch für diese Kinder gangbare Beschulungswege aufzuzeigen und bereitzustellen.

Den Eltern hochbegabter „Problemkinder“, die sich wegen ihrer Töchter oder Söhne vor Sorge verzehren, möchte ich mit diesem Buch Mut machen. Denn Kais Geschichte zeigt trotz der Tragik, die sie in sich trägt, vor allem eines: Dass es sich lohnt, für diese Kinder zu kämpfen, dass selbst Schulabbrecher neu motiviert werden können, wenn man sich als Eltern nicht scheut, „zwischen den Welten“

zu vermitteln und Kompromisse, die für das Kind akzeptabel sind, auszuloten.

Den Familien diese immense Alleinverantwortung abzunehmen, kann nur im gesamtgesellschaftlichen Schulterschluss gelingen. Das ist lohnend, denn schließlich halten begabte junge Menschen auch für die Gesellschaft ein großes intellektuelles und kreatives Potenzial bereit. Alle zusammen müssen wir dafür sorgen, dass keiner dieser jungen Menschen auf dem Bildungsweg verloren geht, und keiner an dem Schmerz zerbricht, den er in sich trägt – dem Schmerz des Andersseins.